◆ 天津市哲学社会科学规划项目（TJFX17-006）

GUOJIA ANQUAN FAZHIHUA SHIYU XIA
QINGBAO JIANKONG GUIZHI YANJIU

国家安全法治化视域下情报监控规制研究

吴常青　吴轩　李晨蕾 等◎著

金城出版社
GOLD WALL PRESS
·北京·

图书在版编目（CIP）数据

国家安全法治化视域下情报监控规制研究 / 吴常青等著 . —北京：金城出版社有限公司，2020. 11
ISBN 978 - 7 - 5155 - 2059 - 9

Ⅰ. ①国…　Ⅱ. ①吴…　Ⅲ. ①情报 - 监视控制 - 涉外行政法 - 世界　Ⅳ. ①D912. 14

中国版本图书馆 CIP 数据核字（2020）第 182201 号

国家安全法治化视域下情报监控规制研究

作　　者　吴常青　吴　轩　李晨蕾　薛大政　李静雅　路长明
责任编辑　刘　荔
责任校对　王媛媛
责任印制　李仕杰
开　　本　710 毫米 × 1000 毫米　1/16
印　　张　15. 5
字　　数　200 千字
版　　次　2020 年 11 月第 1 版
印　　次　2020 年 11 月第 1 次印刷
印　　刷　天津旭丰源印刷有限公司
书　　号　ISBN 978 - 7 - 5155 - 2059 - 9
定　　价　68. 00 元

出版发行　**金城出版社有限公司**　北京市朝阳区利泽东二路 3 号
　　　　　　邮　　编　100102
发 行 部　（010）84254364
编 辑 部　（010）64210080
总 编 室　（010）64228516
网　　址　http://www. jccb. com. cn
电子邮箱　jinchengchuban@ 163. com
法律顾问　北京市安理律师事务所　（电话）18911105819

目 录

注：本书编校过程中，对各国法条号数字，统一参照被引用国法条原文写法，特此说明。

第一章 欧盟法视野下情报部门元数据监控规制

——以欧洲法院数字权利案为视角

元数据是指描述数据的数据，是对数据及信息资源的描述性信息，通常又被称为“关于数据的数据”或“关于信息的信息”，其是在通信传输过程中产生的与通信内容无关的相关信息。[1] 元数据的现代内涵相当宽泛，涵盖从传统的元数据（例如，文档创建的时间），到交互的记录（历史的登录时间），到个人的简单事实（账户号码或邮寄地址）的范围广泛的信息。[2] 具体包括通信的参与者、起止时间、持续时间、频率、使用设备或服务时的方位（纬度、经度和海拔）以及移动方向等内容。[3] 元数据首先是一种编码体系，一经建立，

[1] 对元数据的界定可参见 Metadata，at http://dictionary.reference.com/browse/metadata，2017 年 12 月 19 日访问。参见 Newell，Bryce Clayton，The Massive Metadata Machine: Liberty，Power，and ~~Secret~~ Mass Surveillance in the U.S. and Europe. I/S: A Journal of Law and Policy for the Information Society, vol.10(2), 2014，p.486.

[2] Conley，Chris，Metadata：Piecing Together a Privacy Solution，at https://ssrn.com/abstract=2573962 or http://dx.doi.org/10.2139/ssrn.2573962，2017 年 12 月 21 日访问。

[3] Jason M. Young，Surfing while Muslim: Privacy, freedom of expression and the unintended consequences of cybercrime legislation，Poliey Journal of Communications Law and International，2004，p346. 例如澳大利亚 2015 年 10 月 13 日开始实施的《电信〈监听和调取〉修正案〈数据留存〉》对元数据做出如下初步界定：元数据包括电话、电子邮件的通信时间、

便可共享，其可用于识别资源、评价资源、追踪资源在使用过程中的变化、实现简单高效地管理大量网络化数据、实现信息资源的有效发现、查找、一体化组织和对使用资源的有效管理。[1]

随着科学技术的迅猛发展，人们日常生活、工作和社会交往对新型通信设备愈发依赖。正如布鲁斯·施奈尔对手机的描述：如果你想要确信你生活在一个科幻世界,那么看看你的手机吧。这个可爱、美观且功能强大得令人难以置信的工具，已经理所当然地成为我们生活的中心。[2] 无论何时何地，只要人们使用手机、电脑等设备或者电子邮件、社交网络、搜索引擎等服务，就会产生海量的元数据。[3] 通过对元数据的挖掘、分析，人们可以轻易掌握通信主体的个人及家庭生活、职业、社会关系，可以获得关于个人信仰、偏好以及行为举止等详细信息。例如，通过分析顾客的浏览、购物记录可知晓其

时长和地点；用户联系所使用的网络运营商；通信设备的所在地。元数据的界定是与通信的内容而言的。但是这种区别可能看起来很清楚，但仔细检验后很快变得模糊。例如，从技术上讲，一个统一资源定位符（URL）是非常重要的“传输指令”，它指向你所请求的网页地址。但它也是内容：网页的请求实际上意味着发送一个消息，说：“请回复我这个统一资源定位符（URL）所显示的页面”。此外，单个统一资源定位符（URL）明确指向你所寻求的页面，也决定着你所收到的内容。因此，至少有法院已经注意到，统一资源定位符（URL）可能是的内容（United States v. Forrester, 512 F.3d 500, 510 n.6 (9th Cir. 2007).）参见 Conley, Chris，Metadata：Piecing Together a Privacy Solution，at https://ssrn.com/abstract=2573962 or http://dx.doi.org/10.2139/ssrn.2573962，2017 年 12 月 21 日访问。

[1] 参见《元数据概念以及原理应用全解析》，at http://www.cbdio.com/BigData/2016-04/07/content_4775678.htm，2017 年 12 月 21 日访问。

[2]［美］布鲁斯·施奈尔：《数据与监控——信息安全的隐形之战》，李先奇、黎秋玲译，北京：金城出版社，2018 年版，前言第 1 页。

[3] 例如，2016 年我国移动电话用户数量为 132193.4 万户；网民规模达到 7.31 亿，手机网民达 6.95 亿。网民的人均周上网时长为 26.4 小时。网络新闻用户规模为 6.14 亿，网络购物用户规模达到 4.67 亿，网上外卖用户规模达到 2.09 亿，网络游戏用户规模达到 4.17 亿，使用网上支付的用户规模达到 4.75 亿，网络视频用户规模达 5.45 亿，网络音乐用户规模达 5.03 亿，网络预约出租车用户规模达 2.25 亿，互联网医疗用户规模为 1.95 亿。每一个用户的通信活动均会产生元数据。参见中国互联网络信息中心（CNNIC）2017 年 1 月 22 日发布的《2016 年中国互联网络发展状况统计报告》，http://www.cnnic.net.cn/，2017 年 12 月 20 日访问。

性别、年龄、生活习惯乃至身体状况；通过分析乘客的网约车记录可以获知其行为轨迹，进而分析乘客的职业、业余爱好等；通过分析通话者拨打、接听电话的记录，可以了解其社交网络、交友偏好等。对元数据进行挖掘、分析不仅能获知被分析对象过往的私密信息，甚至能够预测其未来的动向。2012 年有研究人员用元数据来预测 24 小时后被分析对象会出现在哪里，精确度在 20 米以内。[1]

基于此，国际社会逐渐认识到，与对通信内容的监控相同，情报部门为国家安全目的对元数据进行监控，亦会严重干涉被监控者的基本权利。特别是"棱镜门"事件曝出美国情报部门为防止恐怖袭击进行大规模无区别的监控，使得普通民众的隐私权被干预于无形。国际社会开始反思和调整元数据监控的政策、法律，[2] 以便在国家安全利益维护与公民基本权利保障之间取得平衡。对元数据监控的法律规制，欧盟法一直处于国际社会的前列，且对欧盟成员国产生重大影响。2014 年欧洲法院做出元数据监控的里程碑式判决，不仅深远影响欧盟及其成员国元数据监控的法律秩序，也对欧盟以外国家和地区极具参考价值。

第一节　情报部门元数据监控与公民基本权利

元数据监控是指监控主体对被监控者通信中产生的元数据进行

---

[1][美] 布鲁斯·施奈尔：《数据与监控——信息安全的隐形之战》，李先奇、黎秋玲译，北京：金城出版社，2018 年版，前言第 1 页。

[2] 例如美国 2015 年颁布《自由法案》、澳大利亚 2015 年颁布《电信（监听和调取）修正案（数据留存）》。

收集、保存，并为特定目的对所保存的元数据进行分析、使用的行为。在传统通信模式下，固定电话、传真、电报等是人们的主要通信方式。这种通信模式具有静止的特性，通信设备的位置固定，用户的基本信息保存于通信服务商，通信使用生成的元数据较为有限。例如，在德国，早期电话都是由电信局以所谓“电话交换器”进行人工接线的。1966 年后，德国引进自动的电话交换机，由电机选择器建立通信连接；拨打电话号码会产生电磁脉冲，而电磁脉冲直接操控此选择器。但在这种类比交换系统下，关于由谁、何时、对谁进行多久电话时间的通信记录，顶多以文书形式显示。要从按个按钮即能制作客户全部通信行为的一览表，依当时技术还遥不可及。20 世纪 80 年代初期到 90 年代中期才由电话交换机转变成数位传输。自此开始，数位网络上的任何通信关系产生的用来建立电脑控制的连接和维持通信的数据才被储存并传输到中央计算系统，电信服务业者即以此基础向客户寄发电信账单。[1] 与传统通信模式特性相适应，一般认为，与通信实质内容不同，通信主体对元数据没有隐私的合理期待，无须宪法保障，政府可以随意调取，而不需提供相当的理由。例如，美国联邦最高法院在 1976 年的 U.S. v. Miller 案中，认为人民不得对于已经交给第三方的资料主张合理隐私期待。[2] 在 1979 年的 Smith v. Maryland 案中明确表示，公民对于其所拨打的电话号码没有合理的隐私期待。[3] 在德国，早在将近 90 年前就有明文依据允许追诉机关调取私人科技通信细节资讯的法定干预权限。1928 年制定、今日已失效的《电

---

[1] 王士帆：“处在德国法与欧洲法紧张氛围下的通信记录调取”，载《月旦法学杂志》，2016 年第 5 期。

[2] U.S. v. Miller，425 U.S. 435（1976）。

[3] Smith v. Maryland，442 U.S. 735（1979）。相关讨论可参见李荣耕：“论侦查机关对通信记录的调取”，载《政大法学评论》，2010 年第 115 期。

信设备法》第 12 条规定，刑事法院调查犯罪时，允许法官及检察官（后者限延迟即生危险之时）得“要求调取电信，当消息已送至被告，或有事实足以认定消息乃由被告发送或为其发送且调取对刑事调查具有重要性”。到了 20 世纪 90 年代末期，德国立法者才意识到刑事追诉机关调取通信记录的法律已不具备法治国的充分基础。[1]

然而，科学技术的迅猛发展极大地改变了人们的通信方式，使其呈现如下变化：一是通信设备便携化。通信线路固定、不便移动是传统通信设备的重要特点，如固定电话和台式电脑，这严重影响人们通信的便利化程度和使用的频率。而 20 世纪 80 年代中期开始通信设备不断朝便携化方向发展，其体积越来越小，重量越来越轻，越来越方便人们随身携带。如今，手机、ipad 已成为人们沟通联系不可或缺的设备。正如美国联邦贸易委员会所言，与其他类型的科技相比，这些移动通信设备通常与人的关系更为紧密，人们几乎一直随身携带着它们，并且这些设备一直处于运行状态。[2] 二是通信设备智能化。传统通信设备功能相对单一，仅限于通话、收发邮件等，而随着支持高速数据传输的第三代（3G）、第四代（4G）、第五代（5G）[3] 移动通信技术的应用，个人通信终端完成了通话与互联网的融合。与传统通信设备不同，智能手机如同一款随身携带的小型计算机，除能够完成高质量的通话外，通过移动通信网络实现无线网络接入后，更能够方便地实现个人信息管理及查阅新闻、天气、股票、交通、

[1] 王士帆：“处在德国法与欧洲法紧张氛围下的通信记录调取”，载《月旦法学杂志》，2016 年第 5 期。

[2] U.S. Federal Trade Commission，Mobile privacy disclosures: Building trust through transparency，www.ftc.gov/os/2013/02/130201mobileprivacyreport.pdf，2016 年 5 月 18 日访问。

[3] 5G 网络主要有三大特点，一是极高的速率，其峰值网络速率达到 10 Gbps，网络传输速度比 4G 快 10—100 倍；二是极大的容量，其能够满足 1000 亿量级的网络连接；三是极低的时延征，其网络时延从 4G 的 50 毫秒缩短到 1 毫秒。

商品信息、应用程序下载、音乐图片下载等。三是通信设备便宜化。传统通信设备另一个重要特点是费用高昂。1983 年 10 月 13 日首部商用手机诞生。Amefitech Mobile 通信公司发布了现在看来显得健硕的摩托罗拉 Dyna TAC 手机，它重 2.5 磅，价格 3995 美元，相当昂贵，拥有一部“大哥大”几乎是身份的象征。[1] 20 世纪 90 年代我国一台电脑超 5000 元人民币，而市民工资却不到 300 元人民币。[2] 价格昂贵是通信设备普及的最大障碍。然而，随着通信技术的迅猛发展，相对于市民的购买力，通信设备的价格大幅下降。电脑、手机、ipad 等设备几乎成为人们生活的必需品。四是通信元数据的海量化。数据是高科技社交活动的副产品。随着人们对通信设备依赖度加深和数据存储成本的降低，元数据存储数量之多、范围之广，往往超乎想象。在 2013 年连接到互联网上的设备已有 100 亿台，有人预测到 2020 年这一数字将达到 300 亿。2015 年，1 PB 的云存储空间的年费是 10 万美元，跟 2011 年时的 100 万美元相比，下降了 90%。如果我们把产生的数据都加起来，在 2010 年，人类每天产生的数据量就比 2003 年之前所有产生数据的总和还要多。[3]

电脑、手机、ipad 等通信设备的广泛使用，使得情报部门的元数据监控对公民基本权利的干预与传统通信模式相比不可同日而语。这体现在：

一是元数据监控对象的广泛性。“9 · 11”恐怖袭击事件后，元数据监控几乎成为一项致力于预防恐怖袭击的全球普适性政策。为

[1] http://www.sohu.com/a/120810783_488081，2018 年 1 月 29 日访问。

[2] http://news.qingdaonews.com/qingdao/2014-08/08/content_10611715.htm，2018 年 1 月 29 日访问。

[3] [美] 布鲁斯 · 施奈尔:《数据与监控——信息安全的隐形之战》，李先奇、黎秋玲译，北京：金城出版社，2018 年版，第 19 页。

防止恐怖袭击、维护国家安全，越来越多的国家和地区对元数据监控持肯定态度。这种政策选择无可厚非，然而关键问题在于，情报部门元数据监控针对的不是特定对象（严重刑事犯罪的犯罪嫌疑人或者恐怖主义分子），而是对所有通信设备使用者进行地毯式的监控。人们只要使用电子通信设备，就是元数据监控的对象，就是潜在的嫌疑人和恐怖主义分子。此外，不同层面的合作使得元数据监控对象更为广泛。一方面是各类科技公司之间存在合作。大多数公司的隐私政策包括一个条款，该条款称在受到合法请求的情况下，它们将会共享彼此保存的信息。这使得情报部门可以轻易获得诸多科技公司保存的通信元数据。另一方面，不同国家情报部门之间存在广泛合作。例如，2012 年英国政府通信总部开始通过光纤进行元数据监控，成为与美国国家安全局比肩的情报巨头。英、美两国情报部门就在嫌疑目标、通信元数据等方面互通有无。可以说，在目前的元数据监控政策下几乎人人都处于被监控的状态。

二是元数据监控干涉基本权利的广泛性。通信在功能上是一种对外联系的工具，当个人利用电话与他人通话、收发电子邮件或者使用网络电话，只要双方通信尚未终结，则通信活动均在秘密通信自由的保障范围。除此之外，通信的周边资料，亦即，不属于通信内容的通信记录，也受秘密通信自由的保障。[1] 因此，元数据监控首当其冲的会干涉秘密通信自由。其次，元数据中很多信息特别是有关种族、民族、政治观点、财政状况以及病史等，通常是通信主体不愿为人所知的，对此进行监控无疑会对公民的隐私权造成严重干涉。有的信息会呈现一个人的宗教信仰、活动范围、行进路线等，

[1] 王士帆："网络之刑事追诉——科技与法律的较劲"，载《政大法学评论》，2016 年第 145 期。

情报部门的监控行为很可能会干涉被监控者的宗教信仰自由和集会、结社、游行示威的自由。再次，元数据具有可追踪、可下载、可存储、可分析的特性，数据分析师通过对元数据的挖掘、分析可轻易推断出通信主体的兴趣爱好、购买模式、行为偏好等，从而清晰地反映通信主体的个人生活、家庭生活、职业关系等详细信息，[1] 勾勒出个人的人格图像，故涉及人格权或资讯隐私权。[2] 另外，情报部门监控行为所获得的元数据如被不当使用(如有偿或无偿透露给第三人)，会使人们在面对获得同样的机会（如就业）、货物和服务时受到差别对待，这会导致对公民平等权的侵犯。

可以说，随着通信技术的日新月异，涵盖资讯范围越来越广的通信元数据，其实用价值水涨船高，可说是“兵家必争之地”，[3] 即使不比通信内容更有价值，但至少和内容的价值一样了。[4] 2010 年德国联邦宪法法院在通信记录强制储存案中认为，有鉴于通信记录强制储存后所具有的强大且涵盖面广泛的资讯解读能力，有关此等资料之调取利用的合宪性要求程度，远较其他电信相关资料，如电信法第 96 条所规定的用户基本资料，要来得高。特别是，对于通信记录加以分析利用，可以推断出深入私人生活领域的资讯，有时甚至可剖析出相关人的人格特性或社会行止的情况。对于此类资料的调取利用，其严重程度并不下于那些涉及通信内容的电信监控措施。

[1] Nora Ni Loideain，EU Law and Mass Internet Metadata Surveillance in the Post-Snowden Era，Media and Communication, 2015（3）：54.

[2] 王士帆：“网络之刑事追诉——科技与法律的较劲”，载《政大法学评论》，2016 年第 145 期。

[3] 林钰雄：“通联记录之调取——从几则基地台相关判决谈起”，载《月旦法学杂志》，2014 年第 1 期。

[4] Nora Ni Loideain，EU Law and Mass Internet Metadata Surveillance in the Post-Snowden Era，Media and Communication, 2015（3）：55.

鉴于元数据监控对公民基本权利干涉的基本属性，显然有必要对其进行必要的规制。

第二节　欧盟法与情报部门元数据监控法律规制

欧盟法对情报部门元数据监控的规制一直处于国际社会前列。《数据保护指令》《隐私与电子通信指令》《数据保存指令》和《欧盟基本权利宪章》是规制情报部门元数据监控的重要法律规范。

一、《数据保护指令》

欧盟法对元数据监控的规制可追溯到 1995 年。1995 年 10 月 24 日，欧洲议会和欧盟理事会通过了指令 95/46/EC[1]——《关于涉及个人数据处理的个人保护以及此类数据自由流动的指令》(简称《数据保护指令》)。《数据保护指令》的主要内容包括：

第一，允许成员国对公民个人数据隐私进行一定的限制。该指令第 1 条开宗明义的规定，"保护人之所以为人的基本权利和自由，特别是保护个人数据隐私"是每个欧盟成员国的基本义务。但个人数据隐私并非不可限制，该指令在第 13 条中规定，为了以下理由，成员国可以制定国内法对个人数据隐私予以限制："(a) 国家安全；(b) 自卫；(c) 公共安全；(d) 刑事犯罪的预防、调查、发现和起诉；(e) 某成员国或欧盟的重要的经济或财政利益，包括货币、预算和

[1] Directive 95/46/EC，http://groups.csail.mit.edu/mac/classes/6.805/articles/privacy/ec-privacy-directive.html，2016 年 5 月 10 日访问。

税务事项。”需要注意的是,《数据保护指令》规定的“个人数据”是非常宽泛的概念，是指能够识别数据主体身份的一切数据，不仅包括通信内容，也包括通信元数据。

第二，对限制个人数据隐私设置了较为严格的条件。该指令第12条要求对个人数据的收集、处理必须符合所要实现的目的，并需征得数据主体的同意；数据主体享有对所收集个人数据的知情权，有权在需要时要求对收集、处理的数据进行纠正、锁定或删除。此外，该指令禁止对“种族和民族起源、政治观点、宗教或哲学信仰、工会会员身份，以及……关于健康或性生活的”敏感数据加以使用。

总言之,《数据保护指令》虽允许成员国对公民的个人数据隐私进行一定的限制，但同时规定了严格的限制条件，在数据收集使用和基本权利保障中更重视后者。

二、《隐私与电子通信指令》

“9·11”恐怖袭击事件后不久，为强化电子通信领域个人数据的保护，欧盟于2002年6月12日颁布《隐私与电子通信指令》(2002/58/EC指令)[1]。该指令除纳入《数据保护指令》确立的数据保护基本原则外，还明确规定电子通信从业者和电子通信服务商对于提供服务过程中产生的通信记录和位置信息，除为计算通信服务费用外，应在通信目的实现后立即予以删除或做匿名化处理。指令亦明确规定了成员国立法限制指令所规定的个人电子通信数据保护的法定要件，其中明确规定成员国为维护公共秩序，如维护国家安全、

[1] Directive 2002/58/EC，https://www.dataprotection.ie/documents/legal/directive2002_58.pdf，2016年5月10日访问。

国防、社会安全，为防止与追究犯罪行为，或防制电信系统的非法使用等，于民主社会所必要、适当且在符合比例原则的范围内，可立法限制指令所保障的个人电子通信数据隐私权。也即，通信元数据原则上不得预防性储存，但允许各成员国基于犯罪侦查、国家安全国防需求、保护公共秩序等目的而例外地立法储存与利用通信元数据。

三、《数据保存指令》

“9·11”恐怖袭击事件后，特别是2004年西班牙“3·11”事件[1]和2005年伦敦“7·7”爆炸案[2]后，欧盟成员国普遍致力于通过立法加强情报部门的监控职责以保障国家安全。他们通过国内法先后制定了《数据保护指令》《隐私与电子通信指令》的例外规则，不仅对个人数据隐私的保护程度进行了大小不一的限缩，而且对通信服务商的数据保存种类、条件、期限等规定各不相同，[3]阻碍了欧盟内部电子通信市场的发展。而通信领域乃欧盟内部市场重要的一环，受欧盟四大市场自由之保障，为了一统乱状，2006年3月15日欧洲议会和欧盟理事会通过《数据保存指令》，[4]放弃了《隐私与电子

[1] 西班牙“3·11”事件指的是发生在2004年3月11日针对西班牙马德里市郊火车系统的恐怖主义炸弹袭击，是西班牙有史以来遭受的最可怕的恐怖袭击，造成201人死亡，其中包括14个国家的43名外国人，2050人受伤。2004年3月11号发生在马德里爆炸发生的那天距离美国“9·11”恐怖袭击事件正好是911天。因此，西班牙“3·11”事件又被称为“欧洲的9·11事件”。

[2] 伦敦“7·7”爆炸案是发生在英国伦敦市中心的一起恐怖主义自杀式炸弹袭击事件。2005年7月7日早上交通高峰时段，4名伊斯兰极端分子在伦敦地铁上连续引爆三枚炸弹，随后在塔维斯托克广场的一辆双层巴士上引爆第四颗炸弹，造成52人死亡，700多人受伤。

[3] Francesca Bignami，Privacy and Law Enforcement in the European Union: The Data Retention Directive，Social Science Electronic Publishing, 2011(1): 233-255.

[4] Directive 2006/24/EC，http://eur-lex.europa.eu/legal-content/en/ALL/?uri=CELEX:3200-6L0024，2016年5月10日访问。

通信指令》所采取的“例外容许”成员国立法储存通信数据的立场，改采强制储存模式，要求各成员国应立法强制通信与网络业者储存指令所规定的通信数据，以供公权力机关调取、利用。

《数据保存指令》第1条（保存目的和适用范围）和第2条（定义）规定，为了调查、发现和起诉严重刑事犯罪，各成员国有义务制定国内相关规定要求通信服务商保存所有自然人和法人在使用其电子通信服务过程中产生的元数据。第4条为成员国制定国内数据保存相关规定确立了原则性要求，即成员国国内数据保存相关规定必须符合适当性和必要性要求，且不能违反欧盟法与欧洲人权公约。第5条则明确了通信服务商可以保存元数据的类型，即成员国可通过立法强制通信服务商保存有关通信的来源、地址、数据、时间、长度和方式等信息。[1] 第6条规定了通信服务商的元数据保存期限，即通信服务商对元数据保存期限不得低于6个月但不得超过2年。

《数据保存指令》颁布后，欧盟成员国纷纷制定、颁布了本国数据保存相关规定。事实上，这些规定对原本就有较高个人数据隐私保护标准的成员国（如罗马尼亚、捷克、德国等）宪法构成了挑战。[2] 这导致诸多国家法院依据本国宪法裁判本国的数据保存相关规定无效。然而，对《数据保存指令》的挑战并未因此而消失，且随着《欧

[1] 具体来说，如果数据由其生成或处理，那么通信服务商必须保存以下数据：通信方的电话号码、姓名和地址；通信的日期、时间和持续时间；互联网接入服务和互联网协议（IP）地址的登录和注销日期和时间；通信类型（使用电话或互联网服务）；电话拨打和接收方的国际移动用户识别码（此代码标识所使用的SIM卡）、国际移动设备身份码（此代码标识所使用的电话设备）；预付手机服务的初始激活日期和时间；通信开始时移动电话的位置数据以及所指向的地理位置。

[2] Federico Fabbrini，Human Rights in the Digital Age: The European Court of Justice Ruling in the Data Retention Case and Its Lessons for Privacy and Surveillance in the United States，Harvard Human Rights Journal，2015(1): 65.

盟基本权利宪章》的生效，这种挑战更为致命。

四、《欧盟基本权利宪章》

在 2000 年 12 月 7 日举行的欧盟首脑会议上，欧盟理事会、欧洲议会主席以及欧洲委员会主席共同发表了《欧盟基本权利宪章》(以下简称“宪章”)。作为一部宪法性文件，宪章旨在保障欧盟公民的基本权利。其中，第 7 条（尊重私人生活和家庭生活）规定:“每个人都有权要求私人生活和家庭生活、住宅和通信之尊重。”宪章第 8 条（个人数据保护）规定:“每个人都有权要求个人数据之保护。个人数据必须为了明确的目的公平处理，并且经过数据所涉及当事人的同意或者有法律规定的其他合法事由。每个人都有权利知晓所收集到的个人数据，并且有权要求销毁个人数据。应由独立的有权机关来监督这些规则的遵守。”但宪章直到 2009 年 12 月 1 日才得以正式生效。

欧洲法院作为维系欧盟法律秩序的宪法法院，有权审查欧盟机构和欧盟成员国是否遵守宪章的规定，如果欧盟机构和欧盟成员国没有遵守宪章中基本权利保障的规定，那么将承担不利后果。欧洲法院对欧盟法进行合宪性审查是有前提的，即欧盟法被直接适用或转化为成员国国内法适用，且以个案形式向欧洲法院提起诉请。宪章的生效对《数据保存指令》造成极大的冲击，原因在于《数据保存指令》被转化为成员国国内相关规定得以实施，一旦有人在欧洲法院对《数据保存指令》提出质疑，那么欧洲法院就可以对其进行合宪性审查。

第三节　欧洲法院元数据监控的里程碑式判决

——数字权利案

一、数字权利案概况

数字权利案是欧洲法院对爱尔兰高等法院和奥地利宪法法院分别提出审查《数据保存指令》合法性申请进行合并审理、判决案件的简称。爱尔兰数字权利有限责任公司是成立于2006年6月3日专门从事移动电话业务的公司，其章程明确公司设立目的之一是促进和保护现代通信技术领域的人权。根据爱尔兰数据保存相关规定，情报部门可以对该公司及其客户的元数据进行监控。2012年该公司向爱尔兰高等法院提起诉讼，主张爱尔兰数据保存相关规定侵犯了公民的个人生活权、家庭生活权和通信自由权，应认定无效。此外，根据宪章和欧盟惯例对基本权利和自由的保障，该公司也对《数据保存指令》的有效性提出质疑。同年，奥地利克恩顿州政府、迈克尔·斯特林格先生等分别向奥地利宪法法院提起诉讼，认为奥地利数据保存相关规定侵犯了他们的基本权利，并要求法院宣布废止奥地利数据保存相关规定。

针对原告对本国数据保存相关规定提出的挑战，爱尔兰高等法院和奥地利宪法法院中止了国内诉讼，并请求欧洲法院基于宪章第7条、第8条和第11条的规定对《数据保存指令》的有效性进行审查。基于两个诉讼的关联性，欧洲法院决定合并审理。

二、数字权利案裁判的法理

2013 年 12 月法庭之友 Cruz Villalon 提出意见，首先从欧盟基本权利宪章第 52 条着手，强调此条所揭示的基本权利限制要件的重要性。接着区分隐私权与个人资料保护权，认为后者是前者广义权利的一部分。最后建议法院应裁判《数据保存指令》整体违反欧盟基本权利宪章第 52 条，或者推翻《数据保存指令》第 6 条关于资料保存最长可达 2 年的规定，理由则是此条已违反欧盟基本权利宪章第 7 条的规定。之后，欧洲法院决定以大法庭进行听审，并于 2014 年 4 月 8 日做出判决。

欧洲法院在总结该案相关事实和法律后阐述了宪章第 7 条、第 8 条和第 11 条是如何与《数据保存指令》产生关联的。法院认为，元数据作为一个“整体”，会非常精确地展现人们的生活，例如日常习惯、永久居住地或临时住所、社会关系和经常光顾的地方。[1] 尽管《数据保存指令》不允许保存通信内容，但保存通信元数据依然会干涉宪章第 11 条规定的表达自由权以及宪章第 7 条规定的个人生活权，且对元数据进行有目的的处理会干涉宪章第 8 条规定的个人数据权。[2]

将《数据保存指令》与宪章第 7 条、第 8 条、第 11 条建立联系之后，法院开始进行合宪性审查。审查的重点集中在该指令是否侵犯宪章所保障的个人生活权和个人数据权。对此，法院提出以下两个问题：一是《数据保存指令》是否构成对宪章第 7 条和第 8 条的干涉；二是如果构成干涉，那么这种干涉是否正当。

[1] Joined Cases C-293/12 & C-594/12, Digital Rights Ir.Ltd.v.Minister for Commc'n, 2014 E.C.R. Ⅰ-238, § 26-27.

[2] Joined Cases C-293/12 & C-594/12, Digital Rights Ir.Ltd.v.Minister for Commc'n, 2014 E.C.R. Ⅰ-238, § 28-29.

针对第一个问题，法院认为《数据保存指令》第3条规定的数据保存义务和第6条规定的数据保存期限构成对宪章第7条的干涉；情报部门对元数据的分析、使用则构成对宪章第8条的干涉。[1]此外，法院认为这些干涉是非常广泛且特别严重的，政府部门没有将元数据的保存以及随之而来的处理的事实告知被监控对象，这可能给人们一种他们的生活一直处于被监控之中的感觉，即“被监控感”。

既然法院认为《数据保存指令》构成对宪章所保障基本权利的干涉，那么接下来面临的问题就是该干涉是否具有正当性。针对该问题，法院并没有采用隐私权侵犯正当性论证的路径，即被监控对象是否有隐私的合理期待，而是选择了比例原则的分析方法。判例法通过“二级测试”来判断法律对基本权利的限制是否符合比例原则，即法律为了特定目的可以对基本权利进行一定的限制，但不能超越适当性和必要性。法院认为，《数据保存指令》对基本权利的干涉是否正当，需要分析其是否能够通过比例原则的“二级测试”，并且其判断标准应更为严格，必须尊重个人生活权并且重视个人数据权的保护。

根据法院的分析，实施《数据保存指令》是为了打击国际恐怖主义和严重刑事犯罪，进而维护国家安全，追求这些普遍利益本身是合法的。情报部门进行元数据监控有助于收集危害国家安全的信息、发现严重刑事犯罪，因此《数据保存指令》通过了“适当性测试”。[2]然而，《数据保存指令》没有通过“必要性测试”。法院指出，数字化时代打击严重刑事犯罪，尤其是有组织犯罪和恐怖主义犯罪，在很大程度上依赖于现代调查技术的使用。但目的不能为手段做辩

[1] Joined Cases C-293/12 & C-594/12, Digital Rights Ir.Ltd.v. Minister for Commc'n, 2014 E.C.R. Ⅰ-238, § 35-36.

[2] Joined Cases C-293/12 & C-594/12, Digital Rights Ir.Ltd.v. Minister for Commc'n, 2014 E.C.R. Ⅰ-238, § 44.

护。[1] 换言之,保障公共安全、追求普遍利益固然重要,但这不能为《数据保存指令》所规定的元数据监控的正当性辩护。因为根据《数据保存指令》第 1 条和第 2 条的规定，情报部门就可以毫无区别、毫无限制和例外地对所有人（包括欧盟成员国全体公民）的所有元数据进行监控。这种地毯式元数据监控，会干涉欧盟成员国全体公民的基本权利，进而严重影响人际关系、个人生活和家庭生活。因此，法院认为《数据保存指令》不符合必要性原则的要求。[2]

具体而言,法院认为以下五个方面的问题撼动了《数据保存指令》的合法性：一是《数据保存指令》没有对元数据监控的对象做出任何限制。元数据监控适用于所有使用电子通信服务的人，即使没有证据能够证明被监控者与恐怖主义等严重犯罪有关。[3] 二是《数据保存指令》没有对元数据监控的目的进行严格限定。虽然该指令规定了元数据监控的目的，但何为“严重刑事犯罪”却由各成员国国内法予以确定，并且相关规定无须法院或其他独立行政机构进行事前审查。[4] 三是《数据保存指令》对元数据监控的期限规定十分笼统，不符合明确性要求。第 6 条规定，数据保存期限不得低于 6 个月并不得超过 2 年，但并未针对第 5 条规定的不同类型元数据的保存期限做进一步区分。[5] 四是《数据保存指令》没有对通信服务商所保存

[1] Joined Cases C-293/12 & C-594/12, Digital Rights Ir.Ltd.v.Minister for Commc'n, 2014 E.C.R. Ⅰ-238, § 51.

[2] Joined Cases C-293/12 & C-594/12, Digital Rights Ir.Ltd.v.Minister for Commc'n, 2014 E.C.R. Ⅰ-238, § 56-65.

[3] Joined Cases C-293/12 & C-594/12, Digital Rights Ir.Ltd.v.Minister for Commc'n, 2014 E.C.R. Ⅰ-238, § 58.

[4] Joined Cases C-293/12 & C-594/12, Digital Rights Ir.Ltd.v.Minister for Commc'n, 2014 E.C.R. Ⅰ-238, § 60-62.

[5] Joined Cases C-293/12 & C-594/12, Digital Rights Ir.Ltd.v.Minister for Commc'n, 2014 E.C.R. Ⅰ-238, § 63.

元数据的安全提供充足的保障。[1] 一方面，《数据保存指令》不能强制通信服务商提高所保存元数据的保护级别；另一方面，也无法保证通信服务商在监控期结束后彻底删除元数据。五是情报部门可以任意获取通信服务商所保存的元数据，元数据监控很难得到独立有权机关的监督。[2]

基于《数据保存指令》对欧盟公民基本权利干预的广泛性和严重性，法院认为面对情报部门地毯式元数据监控，应充分保障欧盟公民的基本权利。最后，根据宪章第 7 条和第 8 条，法院判决认为《数据保存指令》中元数据监控对基本权利的干涉不符合比例原则，该指令自始无效，从而将其排除于欧盟法律框架之外。[3]

第四节　数字权利案对欧盟成员国和欧盟以外国家地区的影响

有学者认为，在欧洲领域人权保障上，欧洲人权法院 [4] 和欧盟各成员国法院一直处于领先地位，但在数字权利案后，欧洲法院在此

[1] Joined Cases C-293/12 & C-594/12, Digital Rights Ir.Ltd.v.Minister for Commc'n, 2014 E.C.R. Ⅰ-238, § 66.

[2] Joined Cases C-293/12 & C-594/12, Digital Rights Ir.Ltd.v.Minister for Commc'n, 2014 E.C.R. Ⅰ-238, § 68.

[3] Joined Cases C-293/12 & C-594/12, Digital Rights Ir.Ltd.v.Minister for Commc'n, 2014 E.C.R. Ⅰ-238, § 71.

[4] 长期以来，欧洲人权法院在保护《欧洲人权公约》所列人权发挥着不可替代的作用，在防止情报部门不当干涉公民隐私权（个人信息权）方面亦是如此。著名的判例有 2006 年的 Weber and Saravia v. Germany 案、2008 年的 Liberty v. UK、2010 年的 Kennedy v. UK、2012 年的 Nada v. Switzerland 等。参见施正锋："国家安全与人权：史诺顿事件的省思"，载《前瞻科技与管理》，2015 年第 1 期。

问题上已超越了欧洲人权法院和各成员国法院。[1] 欧洲法院通过判决力证其能够依据宪章保障欧盟公民的基本权利，即使有来自反恐的巨大压力，其仍是欧盟人权保障的坚固堡垒。[2] 数字权利案判决所阐述的重点无非是：当有一个规范体系会将所有人的每一次数字通信资料都储存起来以供未来侦查或执法之用，将会对人际关系产生寒蝉效果，并极度影响每个人的私人以及家庭生活。欧洲法院认为这些资料总和在一起，可以精确地描绘出一个人的个人生活，包括每天的生活习惯、永久或暂时居所、日常移动路径、进行的活动、与他人的社会关系以及周遭的社会环境等等。[3] 数字权利案做出后，负责起草法令的欧盟委员会强调，元数据监控对于打击恐怖主义犯罪无疑仍然具有重要性，其正在着手制定既能保障公民的个人生活权和个人数据权，又能保证公共安全与欧盟内部市场良好运行的新法。作为数字化时代人权保障的一个分水岭，数字权利案的影响深远。

一、对欧盟成员国的影响

数字权利案后，欧盟成员国的政府和法院不仅对该案判决采取的态度截然不同，而且对国内数据保存相关规定的效力问题各执己见。比如，保加利亚最高行政法院于 2015 年判决本国数据保存相关规定无效后，政府立即开展数据保存规定的法律修改工作。又如，

[1] Niklas Vainio，Samuli Miettinen，Telecommunication data retention after Digital Rights Ireland: legislative and judicial reactions in the Member States，International Journal of Law & Information Technology, 2015(23): 290.

[2] Federico Fabbrini，Judicial Review of United Nations Counter-Terrorism Sanctions in the European Multilevel System of Human Rights Protection: A Case Study in Ineffectiveness，Shaping Rule of Law Through Dialogue, 2009(1): 147.

[3] 刘静怡："通信监察与民主监督：欧美争议发展趋势之反思"，载《欧美研究》，2017 年第 1 期。

荷兰政府于 2014 年 11 月根据数字权利案的判决修改了本国数据保存相关规定，但海牙区法院于 2015 年判决该数据保存规定无效。

对欧盟成员国法院而言，虽然数字权利案判决的效力仅针对爱尔兰和奥地利两国，并不能直接约束欧盟其他成员国，但作为一个判例，并不妨碍欧盟其他成员国法院在审理本国数据保存相关规定与公民基本权利兼容性问题时将此案作为参照。事实上，无论是中止审判程序等待欧洲法院做出判决的成员国法院，还是数字权利案后启动审判程序的成员国法院，最终都无一例外地判决本国数据保存相关规定无效，并予以废止。在国家安全维护和公民基本权利保障之间，成员国法院选择充当公民基本权利强有力的捍卫者。总而言之，成员国法院采取严格解释的态度，即只要成员国数据保存相关规定侵犯了本国宪法所保障的公民基本权利，那么此规定就因违宪而无法律效力。

与欧盟成员国法院的立场不同，欧盟成员国政府往往采取宽松解释的态度，即在解释本国公民所享有的基本权利时，成员国政府会在法律允许的范围内最大程度地对基本权利进行限缩，以便提高政策实施的效率。有的成员国政府认为《数据保存指令》废止的主要原因是在手段和目的之间没有取得适当的平衡，地毯式监控不是问题所在，成员国数据保存相关规定需要解决的是如何实施监控。[1] 因此，数字权利案后，有的成员国（如英国）政府通过了新的国内数据保存相关规定，有的成员国（如荷兰、丹麦、保加利亚）政府对原有的国内数据保存相关规定进行非实质性修改，有的成员国（如

[1] Niklas Vainio, Samuli Miettinen, Telecommunication data retention after Digital Rights Ireland: legislative and judicial reactions in the Member States，International Journal of Law & Information Technology, 2015(23): 290.

瑞典）政府则维持原有的国内数据保存相关规定。万变不离其宗，成员国政府认为较之《数据保存指令》，现行或即将实行的成员国数据保存相关规定中有着更加健全的基本权利保障措施，这些规定能够通过比例原则的“二级测试”，可以解决欧洲法院在数字权利案判决中提出的撼动《数据保存指令》合法性基础的五个问题，因此，成员国数据保存相关规定并不违宪。

姑且不管将欧盟成员国法院和政府之间如何进行博弈，[1] 数字权利案对基本权利保障的积极作用是毋庸置疑的。尽管数字权利案不意味着地毯式元数据监控的终结，但其在一定程度上促使成员国政府在建构国内元数据监控制度时更加注重公民基本权利保障。例如，德国议会于 2015 年 5 月审议通过了新的数据保存相关规定，尽管政府仍坚持宽松解释，但不难发现数字权利案对新规定的影响：该规定将通话元数据和网络流量元数据的保存期限明确为 10 周、将方位元数据的保存期限明确为 4 周，并且解决了元数据的删除问题。

二、对欧盟以外国家和地区的影响

数字权利案对情报部门元数据监控与基本权利关系来说是一个标志性事件。尤其在斯诺登事件之后，人们发现国家情报部门可以通过先进的科技手段轻而易举地对人们的通信进行地毯式监控。这导致在全球范围内展开了对数字化时代自由和安全之间如何平衡的大讨论。

---

[1] 成员国法院与成员国政府对欧洲法院数字权利案的截然不同的解释，使得二者之间的博弈从未结束。例如保加利亚最高行政法院于 2015 年判决本国数字保存相关规定无效后，其政府立即开展修法工作；又如荷兰政府于 2014 年 11 月根据数字权利案的判决修改了本国数字保存相关规定，而海牙区法院则于 2015 年判决新规定无效。

尽管欧盟与其他国家和地区的元数据监控制度不一定相同，数字权利案的判决对其他国家和地区也不具有任何法律上的效力，但殊途同归，该案判决中的事实问题以及欧洲法院选择采取比例原则进行论证，完全可以类比到其他国家或地区。具体说来，原因有以下两点：一是因规制对象的一致性，欧盟以外国家和地区元数据监控制度与《数据保存指令》在欧盟构建的元数据监控制度难免具有一定相似性，这导致欧盟以外国家和地区同样会存在元数据监控干涉公民基本权利的问题。二是现代法治国家宪法的核心精神是限制权力和保障权利，尽管不同法域宪法的形式和内容表述有所不同，但它们有着共同的价值追求——保护隐私以及人格尊严不受侵犯。

数字权利案所带来的对元数据监控规制的新发展为欧盟以外其他国家和地区相关制度的构建提供了不可忽视的经验素材和论理路径。综观数字权利案，有以下两个方面的经验值得欧盟以外其他国家和地区借鉴：

一是欧洲法院给欧盟以外其他国家和地区的法院树立了模范带头作用。面对数字化时代的挑战，法院更应在加强对元数据监控法律规制方面发挥积极作用。无区别的广泛收集并保存元数据所产生的“被监控感”不利于公民基本权利的保障和民主价值的实现，人们使用新型通信设备所产生的元数据应受到法律的严格保护。即使是为了国家安全的目的，法院在审查元数据监控是否对公民基本权利造成干涉的问题上，应采取严格的比例原则。

二是数字权利案对欧盟以外其他国家和地区的政府部门有重要的启示。关于保存元数据的主体，实践中主要有两种做法：通信服务商保存元数据或者政府保存元数据。前者是欧盟国家的做法，后者是《爱国者法案》时期美国的做法。2015 年 6 月 2 日，美国总统奥巴马签署《自由法案》，替代了自2001年起施行的《爱国者法案》，规定在半年期限内逐渐将大规模元数据监控项目由政府转交给通信服务商。换言之，在元数据保存主体上，美国已与欧盟国家趋于一致。现代法治发达国家的普遍做法是否意味着由通信服务商收集、保存元数据就可以减少元数据监控对基本权利的干预？欧洲法院给决策者们的回答是：在数字化时代，基本权利的保护必须得到加强，无论由谁负责保存元数据，元数据监控都应受到限制。换句话说，由通信服务商保存或由政府保存的区别并不重要，事实上一个更为紧迫的问题是：这种无区别的、广泛而全面的地毯式元数据监控能否成为政府反恐的政策工具之一？正如戴维·科尔所言："问题不在于谁握有数据，而在于政府不是依据宪法进行有针对性的元数据监控，而是对我们所有人的元数据均进行着监控。"[1]元数据由政府保存或通信服务商保存并不是问题，因为正是地毯式元数据监控本身威胁每个公民的基本权利。数字权利案并未否定元数据监控，但它直接质疑了地毯式元数据监控。

第五节 《一般数据保护条例》评介

一、《一般数据保护条例》的通过

欧洲法院数字权利案后，随着《数据保存指令》被宣布无效，

[1] David Cole, Can Privacy Be Saved, http://www.nybooks.com/articles/2014/03/06/can-privacy-be-saved/，2016年6月5日访问。

欧盟曾明确表示不会再制定新的数据保存规则，各成员国可根据本国国情自行制定有关数据保存的规定。在此背景下，1995 年通过的《数据保护指令》继续对欧盟情报部门的元数据监控进行法律规制，但这意味着欧盟回到前面提到的“9·11”恐怖袭击事件后的乱状。据统计，超过 90% 的欧洲人表示，他们希望在整个欧盟拥有相同保护的数据权利。[1] 要求改革的呼声不断，这预示着《数据保护指令》的规制也即将永远成为过去式，欧洲不得不着手改变其数据保护的传统做法。为了使欧盟适应数字时代的变化，欧盟委员会于 2012 年 1 月就提出欧盟数据保护改革的倡议。其中在欧盟情报部门元数据监控规制方面的改革措施主要是通过《一般数据保护条例》替代《数据保护指令》。

为统一欧盟成员国个人数据保护规定，使个人能够更好地控制其个人数据，[2] 使企业能够通过统一的规则获得消费者信任，推动数字单一市场发展，欧洲议会、欧盟理事会和欧洲委员会经过谈判妥协，最终于 2016 年 4 月通过《一般数据保护条例》（以下简称《条例》），并于 2018 年 5 月 25 日生效。新规则的名称之所以为“条例（Regulation）”而非“指令（Directive）”，原因在于：指令需要成员国制定相关的国内法才能适用于成员国；而条例在整个欧盟将具有直接的法律效力，由国家数据保护机构和法院执行，不需要成员国通过任何授权立法。此外，条例比指令更能保障标准和解释的一致性。[3]

---

[1] Brussels，Agreement on Commission’s EU data protection reform will boost Digital Single Market，http://europa.eu/rapid/press-release_IP-15-6321_en.htm，2017 年 6 月 11 日访问。

[2] 67% 的欧洲人表示，他们担心自己不能完全控制其在网上提供的信息。10 人中就有 7 人担心通信服务商可能会将信息披露，作其他用途。

[3] W. Scott Blackmer, GDPR: Getting Ready for the New EU General Data Protection Regulation，http://www.infolawgroup.com/2016/05/articles/gdpr/gdpr-getting-ready-for-the-new-eu-general-data-protection-regulation/，2017 年 6 月 11 日访问。

二、《一般数据保护条例》的基本内容

为打击欧洲恐怖主义和其他严重犯罪,《条例》一方面加强了欧盟警务和安全合作，成员国情报部门彼此间能够更有效地交流必要的信息；另一方面,《条例》虽然在很大程度上保留了《数据保护指令》中的原则和术语，但致力于为欧盟5亿人制定更加强有力的数据保护法，以便加强隐私保护。主要内容包括赋予监管者广泛的权力，向违反规定的通信服务商施加更严厉的惩罚措施，并增加了一些新原则,例如更严格的同意概念、数据可移植性和“被遗忘权（right to be forgotten）”。

1. 扩大个人数据的范围。除《数据保护指令》中规定的能够识别数据主体身份的身份证号码或特定于具体个人的身体、生理、遗传、精神、经济、文化或社会身份的数据外,《条例》还增加了地理位置数据、移动设备、应用程序、广告网络和网站分析中使用的在线标识符。

2. 个人访问自己的数据更加方便以及同意条件更加严格。个人将有更多的信息来了解其数据的处理方式，这些信息应以明确、可理解的方式提供。《条例》将“同意”界定为“通过声明或明确行动，具体、可知的、明确地表示数据主体同意个人数据被使用。”未经个人同意，通信服务商不得泄露自己为特定目的收集的信息。通信服务商处理个人数据也必须征得个人同意。根据《条例》第7条，通信服务商承担有关“同意”的举证责任，这意味着书面、点击或其他程序通常会被作为证据使用。在书面声明中，隐私的同意必须在“外观上可区分”于其他事项的同意。数据被使用过程中，数据主体有权随时撤回同意。此外，如果数据主体和通信服务商在地位上（in

the position）存在重大不平衡，则同意将不能成为合法处理的依据。

3. 扩大敏感数据范围以及设立数据保护员。《条例》第 9 条在《数据保护指令》有关敏感数据类别规定的基础上，增加遗传和生物特征数据。《条例》还规定在收集或处理大量消费者信息中的敏感数据时企业应指定数据保护员，但数据处理不是其核心业务活动的中小型企业[1]享有豁免权。

4. 增加对儿童数据隐私的保护规定。《数据保护指令》并未明确规定儿童的隐私，《条例》第 8 条规定使用社交媒体的儿童需征得父母同意，具体年龄在 13 至 16 岁之间，由各会员国确定。[2]《条例》中的门槛年龄规定对于网站和移动应用的运营商来说可能是一个挑战，因为尽管这不会改变各成员国有关儿童有效订立合同的法定年龄，但当运营商需要处理处于门槛年龄的儿童的数据时，必须征得其父母或监护人的同意。

5. 增加公民的“被遗忘权”。《条例》第 17 条规定了“被遗忘和要求删除的权利”。所谓的“被遗忘权”，是指决定终止服务的用户有权强制公司删除其所有痕迹。所以当个人不再希望其数据被使用，并且证明“没有合法理由继续保留该数据时”，数据必须被删除。[3]这赋予数据主体有权要求通信服务商删除数据并采取合理步骤通知第三方清除以下数据：原始目的或合法目的不再需要的数据和链接，

[1] 无论是从数量上，还是从缴纳的税款、就业人数和企业家人数来看，中小型企业都是国家的中坚力量。不同国家对中小型企业的定义标准是不同的，比如欧盟国家现在的标准是雇员少于 49 人的企业是小型企业，少于 249 人的是中型企业。在美国，雇员少于 99 人的企业是小型企业，少于 500 人的是中型企业。

[2] 父母同意的门槛年龄在立法过程结束前仍被激烈辩论并不断变化，最终默认设定为 16 岁，但欧盟成员国有权将其降低到 13 岁（13 岁为美国《儿童在线隐私保护法》规定的年龄）。

[3] 这将对数字营销产生巨大影响。详见 Natasha Lomas, Europe Finally Agrees Tough New Data Protection Rules，http://techcrunch.com/2015/12/16/gdpr-agreed/，2017 年 6 月 11 日访问。

或者数据主体撤回同意的数据,或者存储期限已经到期的数据。但是,被遗忘权应与言论自由、公共卫生利益、法律义务以及历史研究和科学研究需求相平衡。

6. 增加公民的“数据可移植权”。《条例》第 18 条规定如果数据可“以结构化的和常用的格式”获得,那么数据主体有权要求将个人数据的副本转移到新的服务提供商。

7. 增加“知道个人数据被黑客入侵的权利”。《数据保护指令》没有明确规定个人对数据泄露的知情权。《条例》第 31 条明确规定,一旦发生严重数据泄露,企业和组织应尽快通知相关国家监督管理部门,并尽快通知受影响的用户,以便用户采取适当措施。此外,数据泄露的责任承担者扩大到使用任何数据处理器的数据控制者。[1]

8. 对违反数据保护规则的公司处以高达年度全球营业额 4% 的罚款。与《数据保护指令》一样,《条例》规定通过监管部门和法院对违法者处以刑事惩罚、行政处罚以及民事赔偿。但是,《条例》第 79 条规定的行政处罚可能高达 2000 万欧元,或在某些情况下高达公司年度全球营业额的 4%。[2]

9.《条例》的适用范围扩大。《条例》适用于在欧盟及欧洲经济

[1] 意为涉及处理数据以提供特定服务的任何第三方实体也需承担责任,如基于云服务开展商业活动的公司。

[2]《条例》生效后,对于像谷歌这样的大型科技公司可能会导致数 10 亿美元的罚款。在此之前,欧洲许多国家对违反隐私保护法律所设定的罚款上限都不超过 100 万欧元(约为 110 万美元)。例如 2014 年,谷歌因收集街景数据时未能充分告知被收集者的个人数据使用情况而被认定违法,法国数据隐私保护机构 CNIL 裁定的惩罚额度是 15 万欧元(约为 16 万美元),而这甚至是 CNIL 开出的史上最高罚单。相比于谷歌每年高达上百亿的净利润而言,如此之低的惩罚几乎不能对其带来丝毫影响。详见 France hands down data privacy fine to Google,https://www.rt.com/news/france-google-fine-privacy-339/,2017 年 6 月 11 日访问。

区拥有客户的任何公司，[1] 将在欧盟及欧洲经济区开展业务的欧盟成员国以外的公司纳入适用范围，只要对欧盟的数据主体提供商品或服务，即使公司本身不位于欧洲本土，也要受《条例》约束。

三、《一般数据保护条例》评价

有的人对《条例》予以高度赞扬，认为“数据保护的全球标准现在将由欧洲规则来决定。”[2] 如此激进的观点或许会产生争议，但不可否认的是，《条例》极大地提升了数据保护的强度，标志着“后斯诺登时代”的欧洲最终调整了其长期以来的数据保护传统并确立了可能在未来为其他国家所复制的新的数据保护原则和典范。[3] 正如提出欧盟数据保护改革的欧洲议会议员、前欧盟委员会副主席 Viviane Reding 所言，这是欧洲的历史性时刻，将重塑人们对于数字服务的信心、重燃经济增长的动力。没有安全就没有自由，同样，没有自由也就没有安全。数据保护改革（包括《条例》的通过）表明国家安全和数据保护可以而且必须携手并进。[4] 但《条例》也引发了一些争议。就《条约》本身而言，比如《条例》只涉及对网络服务商和

[1] 根据《欧洲经济区协议》，“条例”适用于欧盟所有成员国以及欧洲经济区。因此，不属于欧盟的三个欧洲经济区国家——挪威、冰岛和列支敦士登公国也将同欧盟成员国一起受制于《一般数据保护条例》。

[2] Samuel Gibbs, European parliament approves tougher data privacy rules，https://www.theguard-ian.com/technology/2016/apr/14/european-parliament-approve-tougher-data-privacy-rules，2017 年 6 月 11 日访问。

[3] 贾开：“数据主权、数据贸易与数据规制——欧盟的新进展，https://sanwen.net/a/hixgebo.html，2016 年 10 月 19 日访问。

[4] Fieldfisher 的数据保护合作伙伴 Phil Lee 表示，这个法律（《一般数据保护条例》）是开创性的吗？绝对是的，因为它为欧洲创造了被遗忘权和数据可移植权。详见 Samuel Gibbs, European parliament approves tougher data privacy rules，https://www.theguardian.com/technology/2016/apr/14/european-parliament-approve-tougher-data-privacy-rules，2017 年 6 月 11 日访问。

云提供商进行规范，但没有考虑到对公司内部处理数据的员工进行规范。[1] 被遗忘权的例外规定使得被遗忘权仍存在一个很大的灰色地带，特别是社交媒体上相关数据的“被遗忘权”。数据可移植权使个人能够将自己的个人数据在服务提供商之间更加轻松地转移，但人们一般不将数据的可移植性视为数据保护的关键方面，而是将之视为社交网络和云提供商的功能需求。[2] 就《条例》的具体实施而言，比如数据保护部门的语言和人员配置可能面临挑战。[3]《条例》与欧洲的国际贸易政策不一致，[4] 与非欧洲国家的法律和实践相冲突。[5] 欧盟委员会和数据保护部门必须提供足够的人力、物力、财力以及权力来保证条例的实施，并且所有的欧洲数据保护部门必须有统一的数据保护水平，因为对该条例的不同解释可能仍然导致不同水平的隐私保护。

在反恐形势日益严峻的数字化时代，如何规制情报部门元数据监控从而平衡国家安全维护和公民基本权利保障是当前各国国家和地区亟待解决的问题。2014 年欧洲法院就数字权利案做出规制元数

[1] Regina Mühlich，Expert tips: Get your business ready for GDPR，https://tresorit.com/blog/expert-tips-business-gdpr-ready/，2017 年 6 月 15 日。

[2] 随着计算机的发展，人们使用一个软件（又称系统或项目）的所要达成的需求包括三个不同的层次，其中之一便是功能需求（functional requirement），有时也被称作行为需求（behavioral requirement），代表着产品或者软件需求具备的能力，用户利用这些功能来完成任务，满足业务需求。

[3] 对非欧洲公司来说，它们可能更喜欢英国 / 爱尔兰数据保护部门，因为该部门使用英语。这势必要求这些国家在数据保护部门投入更多的人力、物力和财力。对欧盟公民而言，他们需要根据涉事公司选择不同的数据保护部门，由于语言问题可能会产生沟通上的困难。

[4] Kristina Irion，Svetlana Yakovleva & Marija Bartl. Trade and Privacy: Complicated Bedfellows? How to achieve data protection-proof free Trade Agreements，Amsterdam: Institute for Information Law, 2016:V.

[5] 由于新法规同样约束在欧洲开展业务的非欧洲公司，这可能会与而且最大的挑战可能是条例在实践中的实施问题：未达到条例要求的隐私保护水平的公司（特别是处理欧盟个人数据的非欧洲公司）在条例生效之前必须做全方位整改。

据监控的里程碑式判决，明确主张情报部门元数据监控会干涉公民的表达自由权、个人生活权和个人数据权，并以违反必要性原则宣布《数据保存指令》无效，进而为情报部门元数据监控设置更高的标准。该判决不是从根本上否定情报部门元数据监控，而是在肯定其维护国家安全目的价值的前提下，要求元数据监控的立法必须符合比例原则，严格限制监控对象、严格限定监控目的、明确监控期限、提供充分的数据安全保障以及有效的外部监督，进而充分保障公民的基本权利。该判决不仅对欧盟成员国会产生深远的影响，也对欧盟以外国家和地区具有参考价值。欧盟法对情报部门元数据监控规制的最新进展是 2018 年生效的《一般数据保护条例》，但其对平衡国家安全维护和公民基本权利保障的成效如何，仍有待时间的考验。

第二章　美国情报部门情报监控法律规制

第一节　美国情报监听的法律规制

情报监听是指在当事人不知情的情况下，运用人体信息器官或现代科学技术设备，对当事人正在进行的通信信息进行截取和探知的行为。[1] 伴随着通信科技的日新月异，人们对新型通信设备的依赖越来越深，无线通信几乎成为当下人们沟通与交流的主要模式。在此背景下，情报监听遂成为情报部门收集情报信息的重要手段。与刑事案件侦查过程中实施监听（以下简称侦查监听）相同，情报监听亦会对被监控对象及无辜第三人的隐私构成相当程度的侵害，然而，囿于情报监听未必涉及特定的犯罪案件，监控对象具有广泛性、不特定性，其比侦查监听对相对人隐私的干涉更为复杂、严重。鉴

[1] 谢晓专、王沙骋、赵需要："美国情报监听立法沿革研究"，载《图书情报工作》，2011年第22期。

于国家安全维护与公民基本权利保障之平衡，美国在侦查监听之外发展出极为完整的情报监听法制体系，[1]以规范政府部门的情报收集工作，谨防国家权力逾越边界不当干预公民权利。

一、美国情报监听法制的演进

早年美国情报部门便已利用科技设备进行情报监听，但出于国家安全维护的目的，政府、法院和国会采取“用而不限制”的立场。基于对情报监听趋于滥用的反思，1978年美国国会出台《涉外情报监控法》（Foreign Intelligence Surveillance Act）对情报监听进行系统规制。此后几十年间，美国情报监听制度始终在不阻碍执法部门情报信息获取能力与保护公民宪法权利之间寻求平衡。

（一）《涉外情报监控法》颁布之前的实践立场

19世纪晚期美国海军和陆军就建制了常设性的情报机构。[2]长期以来，特别是1940年现代情报界建立之后，美国情报机构极度依赖技术，将其作为情报搜集能力的支柱。[3]早期，美国情报部门利用

[1]李荣耕：“析论台湾情报通信监察法制——以美国法制为比较”，载《军法学刊》，2010年第5期。

[2]美国重要情报活动的历史相比其他国家最为短暂。英国的情报活动可追溯至伊丽莎白一世统治时期（1533年9月7日至1603年3月24日），在位期间，她创设了秘密情报机关英国保密局，在整个欧洲建立了一个广泛的间谍网。法国的情报活动始于红衣主教黎塞留统治时期（1585年9月9日至1642年12月4日）。而俄国的情报活动则源于“恐怖的伊凡”统治时期（1533年至1584年）。考虑到美国1776年才建国，其情报实践的时间很短暂。直到1940年，国家情报事业的第一缕曙光才在美国出现。虽然美国海军和陆军的常设性和具体的情报单位可追溯至19世纪晚期，但美国的国家情报能力在情报协调局建立后才开始崛起。情报协调局是二战时期战略情报局的前身。参见［美］马克·洛文塔尔：《情报：从秘密到政策》，杜效坤译，北京：金城出版社，2014年版，第15页。

[3]［美］马克·洛文塔尔：《情报：从秘密到政策》，杜效坤译，北京：金城出版社，2014年版，第15—24页。

技术设备进行情报监听引致诸多法律争议，特别是无证情报监听的合宪性问题。[1] 然而，无论是政府，还是法院，抑或是国会均无意对情报监听进行限制。

第一，美国政府的观点。虽然对情报监听一直未有明确的法律授权，但至少从富兰克林·罗斯福时期开始，均将以国家安全维护的名义授权进行情报监听视为总统的固有权限。[2] 例如，1954 年艾森豪威尔总统任命的检察总长鲍威尔就曾力主在国内及国际安全相关事务上，可以利用监听措施搜集必要的相关资讯。他认为，电子通信已经成为不法分子相互联系及交换情报的主要工具，监听也因成为美国政府有效对抗此类活动的利器。[3]

第二，美国法院的立场。在 1967 年之前，美国联邦最高法院主张电子监听本身不属于宪法第四修正案意义上的搜查。[4] 20 世纪 60 年代，在“正当程序革命”的影响下，1967 年联邦最高法院通过 Berger v. New York 案和 Katz v. United States 案将“交谈”纳入联邦宪法第四修正案的保护范围，对侦查监听采取允许但受严格限制的

---

[1] William Funk，Electronic Surveillance of Terrorism: the Intelligence Law Enforcement Dilemma—A History，Lewis & Clark Law Review，2007（11）：1099-1100.

[2] The 9/11 Commission Report(2004)，http://www.gpoaccess.gov/911/pdf/fullreport.pdf，2017 年 1 月 20 日访问。

[3] Herbert Brownell，The Public Security and Wire Tapping，Cornell Law Quarterly，1954（39）：195.

[4] 在 1928 年 Olmstead v. United States 案中，联邦警察被控为搜集犯罪证据，装设电话窃听器，录下涉嫌私运与贩卖酒精饮料嫌疑人的通话内容。于是遭起诉者指控警察机关以非法手段取得犯罪证据，违反了宪法第四修正案的规定。此案，美国联邦最高法院最后裁定联邦警察的行为并无违反宪法第四修正案，原因是第四修正案中保障的是具体的物质性对象，也就是除非有搜查证等合法依据，否则政府不得侵入民众“住宅”，或者搜查扣押人民的“身体”“财产”或“文件”等这些具体性物质。而第四修正案的原意，虽在于保障人民不受政府侵犯隐私，但法院认为本案情形，未构成“物理侵入”，而宪法第四修正案问题。参见 Olmstead v. United States, 277 U.S. 438, 465 (1928).

态度。[1] 但在 Katz 案中，联邦最高法院同时指出，为国家安全目的所进行的情报监听是否应事先申请令状，并不在本案判决所涵括的范围之内。[2] 换言之，联邦最高法院倾向性意见是，规范侦查监听的各种要件和程序并不当然直接适用于情报监听。

第三，美国国会的态度。政府和联邦最高法院对情报监听的观点和立场被国会制定的《综合犯罪控制与街道安全法》所吸纳。为捍卫美国的国家安全，该法赋予总统额外的特殊权力，即美国总统有权采取他认为必要的措施以防范美国可能遭到的外国势力实施的、现实的或者潜在的攻击或者其他敌对活动，有权收集他认为与美国国家安全相关的必要的涉外情报信息，或者采取措施防范国家安全情报信息被外国情报活动收集。[3]

Katz 案和《综合犯罪控制与街道安全法》之后的一段时期，正值反越战和种族骚乱的浪潮，美国政府以国家安全的名义针对反战分子和各种骚乱势力进行广泛的监听。[4] 这直接导致 1972 年美国联邦最高法院在 United States v. United States District Court 案（Keith 案）[5] 中一改原先立场，认为情报部门以国家安全名义对国内目标进

---

[1] 1967 年美国联邦最高法院推翻了 Olmstead v. U.S. 案确立的“物理侵入”法则，改为“合理隐私期待”法则，作为通信保障的标准。在 Katz v. United States 案中，联邦政府官员在没有搜查证的情况下，在公共电话亭装置窃听器，窃听被告与他人的谈话。联邦最高法院推翻过去“物理侵入”法则，认为宪法所保障的是“人”，而非“地方”，虽然无物理上的侵入，即使在公共场所，只要人民欲保有其隐私，仍受宪法的保障。参见王兆鹏：《美国刑事诉讼法》，北京：北京大学出版社，2005 年版，第 221 页。

[2] Katz v. United States, 389 U.S. 347 (1967).

[3] 刘涛：《美国涉外情报监控与通信截取法律制度》，北京：中国政法大学出版社 2014 年版，第 6 页。

[4] William Funk，Electronic Surveillance of Terrorism: the Intelligence Law Enforcement Dilemma—A History，Lewis & Clark Law Review，2007（11）：1108.

[5] 该案是美国联邦最高法院第一次直接审理国家安全、情报监听及联邦宪法第四修正案之间的争议。该案中被告因涉嫌以炸药破坏公物而被起诉，案件由美国联邦东密西根地区法院审理。在审判过程中，被告要求检察官开示经情报监听所取得的通信内容，并进行听证，

行的监听仍须遵守联邦宪法第四修正案。在该案中，联邦最高法院指出，政府确实有为国家安全而进行情报监听的利益，但不可否认的是，情报监听本质上仍会造成相对人隐私的严重侵害。因此，在为国家安全目的对国内目标进行监听时，情报机关必须遵守美国联邦宪法第四修正案的诫命。虽然该判决并不适用于涉及外国势力及其工作人员的案件，不过，它的里程碑式意义是不言而喻的，其不仅是美国联邦最高法院首次处理情报监听与联邦宪法第四修正案之间的争议，而且开启了美国情报监听法制化之路。

（二）《涉外情报监控法》的制定及主要修改

1.《涉外情报监控法》的制定。因 Keith 案未就针对外国势力及其工作人员所进行的监听是否应遵循令状原则表达意见，法院对容许政府以维护国家安全为由进行此类监听而无须经司法授权，从而可能导致政府假借维护国家安全之名恣意侵犯公民隐私深有疑虑。尼克松总统“水门事件”就是最为著名的例子。[1] 该事件不仅迫使

以决定其是否具有证据能力。检察总长出示了一份宣誓书，说明其授权进行情报监听，搜集情报资料，以避免国内组织可能发动的攻击及推翻现有政府组织。基于这份宣誓书，检察官主张，虽然该情报监听未事先经过法院授权，不过其仍然合法，因为总体（行政权）有为维护国家安全（透过检察总长）进行情报监听的固有权限。联邦地区法院未接受检察官的主张，并认为该情报监听已违反美国联邦宪法第四修正案，下令检察官必须向被告开始与该情报监听相关的资讯。检察官不服这一决定，向美国联邦第六巡回法院提出上诉。第六巡回法院维持地区法院的决定。美国联邦政府最后上诉到了美国联邦最高法院。主笔本案的包威尔大法官指出，本案的主要争议在于，政府是否有权不经司法审查便为维护境内安全事务的缘故进行情报监听？最后，联邦最高法院判定，在涉及国内势力或国内团体的国家安全事务上，政府仍必须先经过司法的审查及授权，方得进行情报监听。参见 United States v. United States District Court, 407 U.S. 297 (1972)。

[1] 1972 年 6 月 17 日，以美国共和党总统尼克松争取连任委员会首席安全顾问詹姆斯・麦科德为首的 5 人闯入华盛顿水门大厦民主党全国总部办公室进行窃听活动，结果当场被警方逮了个正着。听到这个不幸的消息后，尼克松一方面下令掩盖事实在幕后设法让联邦调查局停止调查此事，另一方面贿赂被捕者，要他们服罪并保持沉默，从而把这件事的真相暂时掩盖起来。11 月 7 日，尼克松在竞选连任中获得了压倒性胜利。然而，真相是掩盖不

尼克松总统辞职下台，而且引致针对总统容易滥用《综合犯罪控制与街道安全法》所赋予特殊权力的全面反思。[1] 为此，国会授权联邦参议员弗兰克·丘奇组成调查委员会，针对以维护国家安全为目的所进行的无令状监听进行研究，最后形成“丘奇委员会报告”。该报告揭露出自 1930 年以来，“每届政府在国内和国外都进行了大量的情报收集活动，情报机构的工作存在大量的违法行为。”众多没有违法行为、暴力倾向的公民被国家机构冠以“外国敌对势力”的名号。国家机关借此对其进行秘密监视，收集了大量的个人隐私信息。[2] 该报告指出，监听固然能使政府得以获取重要的情报资料，但其也同时伴随着滥用且违宪的疑虑。该报告建议联邦国会尽快立法，建立适当、完善的机制以规范涉外情报监听。这份报告直接促成 1978 年美国《涉外情报监控法》的制定。

2.《涉外情报监控法》的主要修改。《涉外情报监控法》的立法宗旨是力图在不阻碍执法部门针对外国势力及外国势力代理人获取情报信息的同时，保护美国公民的宪法权利。然而，维护国家安全和保障公民权利的微妙平衡向来受国家安全情势、权力（权利）张力等因素的影响。2001 年“9 · 11”恐怖袭击事件迅速打破了《涉外情报监控法》所维系的平衡。为有效预防和打击恐怖主义犯罪活动、

住的 1973 年 3 月，一名被告为了免于被判长期监禁，供认了有人对他施加政治压力，使他在审讯中做了伪证，于是掩盖真相的堤坝被一批批不断抖落出来的证据材料的狂流冲垮了。尼克松不得不宣布由司法部负责调查“水门事件”，参议院“水门事件”委员会决定把听证会用电视向全国公众转播，使“水门事件”在公众中激起了更大的政治波澜。最后迫于形势，尼克松总统在 8 月 8 日不得不宣布辞职，成为美国历史上第一个被迫辞职的总统。

[1] 刘涛：《美国涉外情报监控法及涉外情报监控法院诉讼规则》，北京：中国人民公安大学出版社，2011 年版，第 4 页。

[2] Church Committee Book II，Intelligence Activities and the Rights of Americans，http://www.aarcli-brary.org/publib/contents/church/contents_church_reports_book2.htm，2017 年 10 月 5 日访问。

维护国家安全，美国国会迅速通过《爱国者法案》，大幅扩张执法部门在美国境内、境外的执法权力。该法案第 2 部分“加强监听措施”针对《涉外情报监控法》涉及情报监听的诸多方面做出重要修改。例如，扩展“机动性监听”职权（防止相对人不断更换通信设备或电话号码）、延长针对非美国人的外国势力代理人的监听期限、扩大选任涉外情报监控法院法官的范围、增加涉外情报监控法院法官的数量以及加强对执行和协助涉外情报监控法相关命令和要求的机构、人员的保护等。不仅如此，美国联邦国会还通过了“军事武力使用授权”，授予总统得以使用一切必要且适当的武力以对抗所有与“9 · 11”恐怖袭击事件有关恐怖分子的权力。这成为小布什政府绕过《涉外情报监控法》的令状程序进行无令状监听的重要依据。“9 · 11”恐怖袭击事件后，政府权力的空前扩张引起美国社会的强烈反弹。2007 年俄勒冈联邦地区法院在 Mayfield v. United States 案中裁定《爱国者法案》违宪。[1] 2006 年密西根东区联邦地区法院在 ACLU v. NSA 案中裁定小布什政府依据“军事武力使用授权”所进行的“恐怖分子监控计划”针对国内人民所进行的情报监听违反宪法第四修正案及《涉外情报监控法》的令状程序。[2]

为恢复《涉外情报监控法》保护美国公民宪法权利的立法宗旨，同时使情报部门有效获取位于美国境外外国目标的情报信息，小布什政府于 2007 年 7 月 28 日向国会提交法案以对《涉外情报监控法》进行修改。2007 年 8 月 3 日国会通过《保护美国法案》。该法对《涉外情报监控法》的修改主要体现在：以令状程序替代国家安全局（NAS）实施监听的内部控制、允许在没有法院命令或监督的情况下

[1] Mayfield v. United States, 504 F. Supp.2d 1023 (2007)。

[2] ACLU v. NSA, 438 F. Supp.2d 754 (2006)。

监听美国人与被确定为恐怖主义调查对象的外国人的所有电子通信，只要该监听不是指向特定的某个有理由相信在国内的人、任何涉外的通信即使通信的接收端或发送端为美国境内的某个位置均无须满足《涉外情报监控法》令状程序要求。由于根据该法情报部门对美国境内的美国人也可以实施无令状监听极富争议，所以该法订有落日条款，已于 2008 年 2 月 17 日失效。

为平衡政府部门收集情报的有效性与国会、法院对情报收集过程审查和监督，2008 年 7 月国会通过《涉外情报监控法修正法案》。该法案最重要的规定是，美国情报部门就境外的人（美国人或非美国人）进行监听时，原则上需经过涉外情报监控法院的授权。不过，除遵守联邦宪法第四修正案程序要求外，当监听对象是美国人或非美国人时还是存在较大差异。若对象是美国人，在审查时需要有相当理由可信其位于美国境外，且为外国势力或其工作人员，才允许实施监听；若对象非美国人，只需要有相当理由可信监听对象位于美国境外，即可实施监听。这导致美国情报部门可以实施情报监听的对象极为广泛。

"棱镜门事件"后，奥巴马政府试图对《爱国者法案》授权实施的大规模监控进行改革，以在国家安全与隐私保护之间取得合理平衡。2015 年 6 月 2 日美国国会通过《自由法案》。该法对政府大规模收集美国人通信数据信息做出诸多严格限制，然而，其仍允许美国情报部门可持续开展对于"独狼"式恐怖分子的追踪监控项目，并允许对特定嫌疑对象展开不间断式的监控计划。[1] 不仅如此，该法未对 2008 年《涉外情报监控法修正法案》所确立的针对美国境外的

[1] 沈臻懿："《自由法案》的自由与不自由"，载《检察风云》，2015 年第 15 期。

人（美国人或非美国人）进行监听做出任何改变。

二、美国情报监听制度的基本内容

以 1968 年《美国联邦监听法案》侦查监听法制为摹本，充分考虑情报收集工作与犯罪侦查的本质差异，美国国会制定了极为完整的情报监听规范体系，努力在满足国家安全需要的同时适当保护被监听对象的宪法权利。由于《涉外情报监控法》是规制美国联邦政府情报搜集活动最主要的法案，下文以该法为重心考察美国情报监听制度。

（一）情报监听的对象与客体

根据《涉外情报监控法》第 1801 节（f）小节的规定，情报监听的对象与客体为：（1）通过某种电子的、机械的或其他的监听装置获取任何有线或者无线通信的内容，该有线或无线通信的发出者或预期接收者是某个特定的、已知的且位于美国境内的美国人。即只要通信一方为美国境内的美国人，无论监听的客体是有线通信还是无线通信，都有《涉外情报监控法》的适用。（2）在未征得通信任何一方当事人同意的情况下，在美国境内通过某种电子的、机械的或其他的监听装置获取任何有线通信的内容，该有线通信的发出者或者接收者是位于美国境内的某个人。即有线通信一方为美国境内的某个人，无论其是否为美国人，只要情报监听的执行在美国境内，就有《涉外情报监控法》的适用。（3）在特定条件下故意通过某种电子的、机械的或者其他的监听装置获取任何无线通信的内容，该无线通信的发出者和所有的预期接收者都位于美国境内。即无线通信的发出者和所有的预期接收者都位于美国境内时，才有《涉外情报监控法》的适用。不难发现,该条并非规范所有的情报监听。不过,2008 年美国联邦国会通过的《涉外情报监控法修正案》增设“关于针对某些位于美国境外的人实施情报收集的额外程序”,将美国境外之人(美国人或非美国人)纳入情报监听的范围。

(二)情报监听的令状原则

1. 有令状的情报监听。

第一,申请权人。根据《涉外情报监控法》第 1804 节(a)小节、第 1801 节(g)小节和第 1881b 节(b)小节的规定,联邦官员经检察总长、副检察总长以及专司国安的助理检察总长授权批准后,才能提出情报监听申请书。根据第 1881a 节(g)小节的规定,针对境外非美国人实施的情报监听需由检察总长和国家安全情报总监提出申请。如此规定,不仅限制了申请权人的范围,而且提高了责任归属的层级。

第二,申请程序。为了避免情报部门进行不必要的情报监听,恣意侵害被监听对象的隐私权,《涉外情报监控法》设计了非常严格的情报监听申请程序。首先,联邦官员提出申请时必须宣誓或具结保证申请书内容属实。其次,联邦官员提交的申请书内容应包括:联邦官员的身份、监听对象的身份、申请所依据事实和理由的说明、最低限度规程的说明[1]、受监听通信或活动的类型以及所获取信息的

[1]《涉外情报监控法》第 1801 节(h)小节对最低限度规程有明确的定义和非常详尽的规定。其中包括程序必须要合理、美国人民资讯的保护、所取得资料的保全、如果避免取得不相关的资讯、时间限制,以及非外国情报资讯的销毁等规定。而且《涉外情报监控法》进一步地课予检察总长制定最低限度规程准则的义务,供执行机关遵循。虽然情报监听的执行方式有其个案上的不同,但是该准则必须就相类似的监听方式制定一致性的标准。申请书必须依据检察总长所制定的准则,具体说明在该个案中执行时应遵守的程序,以避免不必要及不合理的侵害。

说明、由总统国家安全事务助理签发包括确信将要获取信息属于涉外情报信息、监听的主要目的在于获取涉外情报信息、该信息不能合理地通过常规的调查手段获得等内容的证明文件、监听实施方式的概要说明、曾经向法院所提出过的申请、申请中所涉及的对象、设备、地点及所使用的方式和监听所需的时间以及继续监听并取得必要情报的理由。另外，为确保申请书记载的内容符合《涉外情报监控法》的要求，检察总长、副检察总长以及专司国安的助理检察总长可以要求其他的官员提供与申请书相关的文件材料。经审查认为符合要求时，检察总长、副检察总长以及专司国安的助理检察总长才会批准联邦官员提出申请。针对境外非美国人实施的情报监听，检察总长和国家安全情报总监需向涉外情报监控法院提交一份书面证明文件以及任何用以支持该证明文件的书面陈述，并经宣誓和加盖公章。

第三，申请的审查。（1）审查的主体。与侦查监听的申请由普通法院法官审查不同，《涉外情报监控法》专门设立涉外情报监控法院，专司涉外情报监听申请的审查。[1]（2）审查程序。根据《涉外情报监控法》，情报监控申请的审查不公开进行。当申请书是联邦官员所做，且经检察总长、副检察总长以及专司国安的助理检察总长授权同意而提出、有相当理由相信监控对象为外国势力或其代理人及

[1] 设立之初，该法院的法官由联邦最高法院院长自至少 11 名以上的联邦地区法院选任 7 名。其中 3 名法官的住所与哥伦比亚特区的距离必须少于 20 英里。除涉外情报监控法院，《涉外情报监控法》还成立了上诉法院，其由联邦最高法院院长自联邦地区法院或巡回法院中任命 3 名法官组成。上诉法院的职责在于，当情报机关不服涉外情报监控法院的驳回决定时，其可以向上诉法院提起救济。除此之外，政府若不服核准决定所附加的条件或限制，也可以向上诉法院请求救济。对于上诉法院的决定，政府可以再上诉于联邦最高法院。关于美国涉外情报监控法院建立、发展、社会各界对其批评以及《自由法案》对涉外情报监控法院制度的改革等问题的探讨详见本章第三节。

受监听地点或设备现为或即将为外国势力或其代理人所使用，或者有理由相信该监听对象为美国境外之人，且为外国势力或其代理人、官员和雇员、符合最低限度规程以及包含全部说明和证明文件，涉外情报监控法院得核发情报监听令。针对境外非美国人实施情报监听的申请，当法院认定提交的证明文件、目标确定程序、最低限度规程符合要求，并符合美国联邦宪法第四修正案规定的要求，应签发批准的命令。

第四，监听的期限。一般情况下，情报监听的期限为 90 天，如果监听对象是非美国人民的外国势力的工作人员，监听期限可以是 120 天。但是，如果监听对象为不涉及美国人民的外国势力或组织，监听期限可长达 1 年。情报部门根据情况可以申请延长情报监听的期限，其申请的程序、条件及资料与第一次申请相同。法院在审查是否准许延长时，要考虑原情报监听是否达到其目的及原监听的综合情况。

2. 无令状的情报监听。虽然《涉外情报监控法》要求情报监听采取令状原则，但在特定情况下，情报部门仍可进行无令状的情报监听。具体情形包括：

第一，经总统同意。根据该法，美国总统经联邦检察总长可以授权进行为期一年的无令状的情报监听。这类无令状情报监听，从对象和客体上要求，仅为获取外国势力间的通信或仅为从外国势力所支配的处所获取技术情报而非言语情报，且没有取得美国公民通信之可能；在程序上要求，总统首先进行书面授权，检察总长在收到授权后必须进行宣誓，对监听的对象和内容、是否符合最小侵害程序准则进行书面确认，并立即将确认书送交涉外情报监控法院。

第二，紧急情况。当检察总长有合理的理由认为存在紧急情况需要进行监听且即使即时申请令状也无法立即取得、符合法院签发令状的要件的情况下可以进行无令状的情报监听。在这种情况下，检察总长必须就已进行紧急情报监听的情况通知有管辖权的法官，且必须在 7 日内补充申请令状。

第三，战争时期。当国会通过宣战议案后，总统可经联邦检察总长，授权进行 15 日以内的情报监听。为防止无令状情报监听被滥用，《涉外情报监控法》还要求，情报部门必须制定行为准则，并监督其下属单位无令状情报监听的执行。

3. 事后通知及其救济。基于维护国家安全和情报监听的秘密性，《涉外情报监控法》并未课以情报部门一般性的通知义务。但该法同时规定，当情报监听过程中取得了犯罪证据，该证据及其衍生证据在刑事审判程序中仍具有证据能力。如此一来，若缺乏合理的事后通知及救济程序，不仅被追诉人的防御权难以得到保障，而且无法避免情报部门以情报收集之名行犯罪侦查之实。为此，该法要求，情报监听过程中所获取的材料若要用于刑事追诉，必须经检察总长授权，而且在使用之前要通知被监控对象。当其认为情报监听不合法时，有权申请法院排除该资料及其衍生证据。

4. 情报监听所获得无关资料的处理。因情报监听的特殊性质，在执行监听过程中难免会取得大量与监听目的无关的资料。根据《涉外情报监控法》的要求，情报部门一旦确认监听所取得的资料与监听目的无关，且当收、发话双方均位于美国境内时，就应立即销毁。不过，当检察总长认为这些材料涉及他人生命或身体的重大危害时，有权不予立即销毁。

5. 情报监听的国会监督。为防止情报监听的滥用，除司法机关的制约和情报部门内部监督外，《涉外情报监控法》还设置了国会监督机制，即检察总长应向联邦众议院情报委员会、参议院情报委员会以及参议院司法委员会提交年度报告，详细说明情报监听的执行情况。而且，每四年参议院情报委员会应就情报监听的执行情况（包括《涉外情报监控法》是否应当修改、废止或应依原规定授权进行情报监听的分析及建议）做出报告提交参议院和众议院。针对境外之人进行的情报监听，检察总长应将其实施情况以不少于每隔 6 个月的频率，按照众议院规则和参议院惯例以及第 94 届国会第 400 号决议或者参议院任何后续决议之要求，采用符合国家安全要求的方式向国会情报委员会以及参议院和众议院司法委员会提交全面报告。

虽然，美国情报监听制度在理论与实践中争议不断，但总体来看，该制度受到学界普遍赞许，认为其恰当且有效的平衡和满足了执法部门情报收集工作与保障公民基本权利的要求。实务中，也有不少联邦法院认为，该制度设计符合联邦宪法第四修正案保护公民隐私权的要旨。

三、美国情报监听制度对现代各国的启示

现代各国不断推进国家安全法治化建设，逐步探索国家安全之路。在推进国家安全法治化建设过程中，美国情报监听制度的基本理念、立法模式、制度内容对于各国家情报监听制度的构建具有一定的借鉴意义。

（一）构建情报监听制度是法治国家建设的内在要求

进入 21 世纪，法治已成为国家治理的基本方式，国家治理法治

化是国家治理现代化的前提和内在要求。[1] 法治是怎样一种治理方式？先贤亚里士多德就曾指出，法治就是制定的法律获得普遍的遵从，而大家所遵从的法律本身是制定得良好的法律。现代意义上的法治包括以下四项要素：

一是以良法为前提。“立善法于天下，则天下治；立善法于一国，则一国治。”法治发展的历史经验表明，单纯依“法”而治是无法实现“善治”的。要实现“善治”，除了具备规则、逻辑体系的一致性、完整性的“形”之外，法律的价值基础还应当具有正当性、合理性的“神”，因而，“神”“形”兼具的法才是良法，才能真正实现善治。具体而言，良法至少应反映人民的意志和根本利益、反映公平、正义等价值追求、符合社会发展规律、反映国情、社情、民情，具备科学、合理的体系和符合法定程序，具有程序正当性。[2]

二是以控制权力为核心。区分真假法治的标准虽然很多，但关键在于有无“控权”的民主思想，这是检验真假法治的唯一标准，也是法治深度发展的一个重要标志。[3]“把权力关进制度的笼子”则是“控制权力”实现机制。

---

[1] 从“法治化”的角度来认识“国家治理现代化”具有非常重要的意义：首先，“法治化”是具有普遍意义的治国理政的价值理念，是人类社会自身组织行为的经验总结，治国理政的“法治化”不以人的主观意志为转移。其次，管理活动的“法治化”是现代管理科学的基本原理，国家治理是对国家事务和社会事务的管理活动，服从管理科学的一般规律性要求，因此，国家治理法治化是国家治理现代化的前提条件，是国家治理科学性的体现。最后，将“法治化”定义为“国家治理现代化”的首要内涵有助于科学有序地寻找国家治理现代化正确的发展道路，“法治化”有利于最大限度地凝聚共识，增强国家治理的合力，提升国家治理能力，实现国家治理现代化的各项目标。参见莫纪宏：“国家治理现代化首先是国家治理法治化”，http://politics.people.com.cn/n/2014/1014/c1001-25829289.html，2016 年 12 月 26 日访问。

[2] 王利明：《迈向法治：从法律体系到法治体系》，北京：中国人民大学出版社，2016 年版，第 53-68 页。

[3] 孙笑侠：《法治思维》，上海：上海人民出版社，2016 年版，第 23 页。

三是以保障人权为目标。纵观古今,人权与法治都是紧密相连的,人权是法治进程中的依据和根本目标,而法治则是实现人权的保障,是确保人权得到尊重和保护的重要手段。可以说,"法治的目的在于创建一个以人权为唯一正当政治目标且以人民意志为唯一权力来源的法治政府,从而创建一个以人权为核心的法治社会。"[1]正因为此,党的十九大报告提出"维护国家法制统一、尊严、权威,加强人权法治保障,保证人民依法享有广泛权利和自由"[2]。

四是以得到普遍遵从为关键。法律如果得不到遵从将是一纸空文,法治也无从实现。就普遍服从方面,法治的要求体现在:厉行法治,把法治当作治国理政的基本方式;一切个人和组织都必须以宪法为根本的活动准则,并且负有维护宪法尊严、保证宪法实施的职责;坚持法律面前人人平等,任何组织和个人都必须尊重宪法法律权威,都必须在宪法法律范围内活动,都必须依照宪法法律行使权力和权利,履行职责或义务,都不得有超越宪法法律的特权;维护国家法制统一、尊严、权威,切实保证宪法法律有效实施。绝不允许任何人以任何借口、任何形式以言代法、以权压法、徇私枉法;必须以规范和约束公权力为重点,加大监督力度,做到有权必有责、用权受监督、违法必追究;健全宪法实施和监督制度。一切违反宪法的行为都必须予以追究和纠正。[3]

基于法治对国家治理现代化的基础性意义,中共十八届四中全

---

[1]徐显明:"论'法治'构成要件——兼及法治的某些原则及观念",载《法学研究》,1996年第3期。

[2]习近平:《决胜全面建成小康社会 夺取新时代中国特色社会主义伟大胜利——在中国共产党第十九次全国代表大会上的报告》,北京:人民出版社,2017年版,第37页。

[3]江必新、程琥:《国家治理现代化与依法执政》,北京:中国法制出版社,2016年版,第142-143页。

会提出了“全面推进依法治国，建设社会主义法治国家”的总目标，并通过了《中共中央关于全面推进依法治国若干重大问题的决定》。十九大报告强调全面依法治国是“国家治理的一场深刻革命”[1] 和“中国特色社会主义的本质要求和重要保障”。[2] 建设社会主义法治国家是实现国家治理体系和治理能力现代化的必然要求，也是全面深化改革的必然要求，有利于在法治轨道上推进国家治理体系和治理能力现代化，有利于在全面深化改革总体框架内推进全面依法治国各项工作，有利于在法治轨道上不断深化改革。国家安全法治化无疑是社会主义法治体系构建的核心环节之一。为贯彻十八届四中全会法治中国建设的精神，我国陆续颁布《国家安全法》《反间谍法》《反恐怖主义法》《网络安全法》和《国家情报法》，毋庸置疑，这些法律的颁布，对于推动国家安全法治化、落实“总体国家安全观”意义重大。[3]

鉴于情报监听在获取国家安全情报上的关键性作用，从宏观层面对现代科学技术手段在开展情报信息工作中的地位予以肯定。开展情报信息工作，应当充分运用现代科学技术手段，加强对情报信息的鉴别、筛选、综合和研判分析。从微观视角对包括监听在内的技术侦察措施的适用予以规定，即国家安全机关根据侦察间谍行为、恐怖主义工作的需要，根据国家有关规定，经过严格的批准手续，可以采取技术侦察措施。[4] 基于建设法治国家总目标和国家安全法治

[1] 习近平：《决胜全面建成小康社会 夺取新时代中国特色社会主义伟大胜利——在中国共产党第十九次全国代表大会上的报告》，北京：人民出版社，2017 年版，第 38 页。

[2] 习近平：《决胜全面建成小康社会 夺取新时代中国特色社会主义伟大胜利——在中国共产党第十九次全国代表大会上的报告》，北京：人民出版社，2017 年版，第 22 页。

[3] 王比学：“实现国家安全法治化——访中国政法大学副校长马怀德教授”，载《人民日报》，2015 年 7 月 2 日。

[4] 我国侦查监听立法上存在的问题与情报监听类似。《刑事诉讼法》第 148 条规定，公安机

化的要求，未来有必要构建系统、合理的情报监听制度。

（二）构建情报监听制度是提升情报收集能力和保障公民权利的逻辑结果

情报是维护国家安全和福祉所必不可少的知识。[1] 情报工作是国家安全的“超级耳目”“隐形盾牌”、决策的“智囊”以及“保障与枢纽”。在人们对各种通信设备愈发依赖，无线通信几乎成为人们沟通、交流的主要模式的当今社会，监听当然成为情报信息收集的利器。为提升情报收集能力，各国家理应制定法律赋予情报机关监听措施的实施权。然而，情报监听具有隐秘性、未来性、持续性、广泛性的特点，若缺乏合理的规制，难免会对本国公民的秘密通信自由和隐私权造成不当侵害，甚至变相地沦为政治斗争、犯罪侦查之工具。在美国，为防止情报部门滥用监听权，在联邦最高法院、社会各界（如民权联盟）的推动下，国会制定了旨在规范情报监听的《涉外情报监控法》。在随后的几十年中，该法因情势不断修改，在国家安全与隐私保护之间寻求合理平衡。各国亦因循通信科技发展的情势，授权国家安全机关可以进行情报监听，如果国家立法仅概括性的授权，对情报监听行为的实施缺乏基本的限制，这不仅会导致因缺乏操作程序使得执法人员在具体执行过程中无所适从，而且也有不当干预公民基本权利的疑虑。因此，有必要借鉴域外经验详细规定情报监

关在立案后，对于危害国家安全犯罪、恐怖活动犯罪、黑社会性质的组织犯罪、重大毒品犯罪或者其他严重危害社会的犯罪案件，根据侦查犯罪的需要，经过严格的批准手续，可以采取技术侦查措施。人民检察院在立案后，对于重大的贪污、贿赂犯罪案件以及利用职权实施的严重侵犯公民人身权利的重大犯罪案件，根据侦查犯罪的需要，经过严格的批准手续，可以采取技术侦查措施，按照规定交有关机关执行。对此问题的研究可参见曾赟：“监听侦查的法治实践：美国经验与中国路径”，载《法学研究》，2015 年第 3 期。

[1][美] 谢尔曼·肯特：《战略情报：为美国世界政策服务》，刘微、肖皓元译，北京：金城出版社，2012 年版，第 3—4 页。

听的程序规范、操作规程及技术标准，以确保情报部门拥有足够的情报收集能力并妥适保障公民基本权利。

（三）构建情报监听制度应区分情报监听与侦查监听

刑事案件的侦查与国家安全情报工作均可能使用监听，以收集所需要的材料。为应对频发的恐怖主义活动，世界各国在立法上恐怖主义及关联犯罪不断增加、通过司法程序追诉恐怖主义及关联犯罪亦逐渐增多，这导致情报收集工作与一般犯罪活动有很高的重叠性。[1] 虽然，为进行一般犯罪侦查或情报监听，相关部门使用的技术方式并没有特别大的差别，其对相对人所造成的影响或权利侵害并无二致，然而，侦查监听和情报监听也有着显著的不同：

第一，影响范围的不同。犯罪侦查指向特定的犯罪行为，一般具有回应性，即有犯罪才有侦查。因此，即使是有组织犯罪、涉众型犯罪，侦查监听的影响范围通常较为有限，涉及人数往往较少，且具体特定。而情报收集的基本功能是在广泛收集情报的基础上为危害国家安全活动提供预警或为国家安全部门决策提供依据，因危害国家安全或利益的活动影响所及常常极为广泛，往往涉及不同类型的资讯来源，所以情报监听所涉及的人数也通常远较一般犯罪为多。

第二，监听对象存在差异。侦查监听对象多半纯为本国人，而情报监听的对象很可能是以外国人，或者与外国人接触的本国人为主。

第三，监听所获取资料用途的差别。侦查监听所获得的资料，通常是用于认定犯罪实施的证据；而情报监听所获得的资料，多半

[1] Kent Roach，The Eroding Distinction Between Intelligence and Evidence in Terrorism Investigations，Nicola McGarrity，Andrew Lynch and George Williams，Counter-Terrorism and Beyond，Abington: Routledge, 2010:48-68.

是作为预警、情报分析、危机反应、政策形成或国防及外交工作之用。为维护国家安全所进行的情报监听，难免干涉本国人民的宪法所保障的基本权利，从维护本国人民的基本权利免受不当侵害的角度，不可能不对情报监听进行必要的限制。但是，由于侦查监听与情报监听之间存在上述差异,对二者的控制密度应有所不同。基于此，美国《涉外情报监控法》所确立的情报监听制度与侦查监听制度在监听对象、申请程序、授权法院、监听期限、事后通知及救济等方面均存在差异。不仅如此，对二者进行明确的界分，还可能避免相关部门以情报监听之名行犯罪侦查之实。

（四）情报监听的立法模式和基本内容

情报监听的立法模式是指一个国家或地区立法机关在进行情报监听立法时所采用的标准样式。纵观现代国家和地区的立法现状，情报监听立法模式主要有单独立法和混合立法两种。所谓单独立法，即立法机关就情报监听制定专门的法律对其适用范围、适用程序、监督制约等问题予以规定。这种立法模式可严格区分情报监听和侦查监听，因而具有极强的针对性。美国情报监听就采取单独立法模式。1968 年美国国会制定了《美国联邦监听法案》规制侦查机关的监听活动，但国会也明确表示该法案无意限制情报监听。鉴于涉及国家安全的情报工作与一般犯罪案件有着不同的政策及实务上的考量,美国国会于 1978 年制定了旨在规范联邦政府情报收集活动的《涉外情报监控法》。[1] 所谓混合立法，即将与监听有关的内容用一部法

[1] 德国亦采取单独立法模式。德国 1968 年即制定了《限制书信、邮件及电信秘密法》，该法是情报机关执行监听的专法，对于适用对象、要件、申请、执行、资料传递、审查机制等程序均有明确规定。参见周治平："情报机关通信监察权之研究——德国法之启示"，载《警大法学论集》，2008 年第 15 期。

律网罗。此种立法模式既能够规定监听的共性，又突出不同领域监听的特性，一定程度上能够节约立法的成本。虽然上述两种立法模式各有利弊，但笔者认为，情报监听单独立法较混合立法更具优势，以美国经验观之：

第一，情报监听与侦查监听有着本质上的差异，这导致二者在规范目的、范围或对象等方面均有不同，采混合立法模式，如何在一部法律中协调各自面相实有难度。

第二，采混合立法模式，极可能因立法技术或文字上的限制，使得审理法官以审查侦查监听的标准决定是否同意进行情报监听而过度限制情报收集工作。

笔者认为，未来情报监听宜采单独立法模式，一方面是基于上述美国立法经验、情报监听与侦查监听立法模式利弊的考量，另一方面与国家安全立法格局与趋势相关。

我国全国人大常委会 2015 年 7 月 1 日颁布的《国家安全法》是国家安全领域的基础性法律，也是统筹引领国家安全领域立法工作的综合性法律，涵盖了国家安全各个领域的内容，解决的是带有普遍性突出问题的任务和制度，具有较强的原则性。未来需以此为基础，制定相关领域维护国家安全的法律法规和其他配套制度，落实国家安全法各项要求，增强其可操作性，形成原则性和可操作性相结合、针对性和有效性兼备的国家安全法律法规体系。[1] 在《国家安全法》的统领下，国家可在时机成熟时制定专门的情报监听法，确保情报监听的实践可操作性，平衡情报收集能力和公民基本权利保障。至于情报监听制度的基本内容，可借鉴美国情报监听制度的经验，从

[1] 王比学："实现国家安全法治化——访中国政法大学副校长马怀德教授"，载《人民日报》，2015 年 7 月 2 日。

情报监听的对象及客体、有令状的情报监听（包括申请人、申请程序、审查主体、审查程序、监听令状记载事项、监听期间及延长）、无令状的情报监听、事后通知及救济程序、情报监听所得资料的使用与销毁以及情报监听的监督制约等方面予以规定。

从美国相关经验来看，在经历长时间情报监听滥用之害进而制定《涉外情报监控法》之后，情报监听立法始终在国家安全与公民隐私权的紧张关系下不断演进。无论在不同时期情报监听立法的天平偏向于国家安全抑或是公民隐私权，情报监听法制化均是公民隐私权保障的基石和归依。在推进国家安全法治化过程中，各国应借鉴美国相关经验，制定专门的情报监听法，全面、合理确定情报监听制度，确保情报监听的实践可操作性，在国家安全与公民隐私权之间取得平衡。

第二节　美国情报部门大规模电话元数据监控规制

2013 年 6 月爱德华・斯诺登将美国国家安全局关于棱镜监控项目的秘密文档披露给英国《卫报》和美国《华盛顿邮报》。[1] 随着斯

[1] 英国《卫报》和美国《华盛顿邮报》在 2013 年中揭露美国国家安全局（NSA）秘密搜集通信元数据的程序 PRISM，主要的功能是在存储境外非美国人的网络通信资料。这些报道是依据 NSA 外包公司 Booz Allen Hamilton 雇员斯诺登所泄露的档案，骇人听闻，尤其是连德国总理默克尔以及巴西总统罗塞夫都遭到窃听。根据斯诺登的说法，原本 NSA 及其他情报部门是为了军事作战及国家安全而进行海外情报的搜集，然而，他发现 NSA 竟然以国家安全为由，想尽办法搜集所有人的通信资料，有系统地进行拦截、筛选、储存、测度及分析，已经超越法律所允许的范围。由于担心这些资料被滥用，他决定让大众来决定是非曲直，而非政府的雇员就可以决定。参见 Landau S.，Making Sense from Snowden: What's Significant in the NSA Surveillance Revelations，Spotlight, 2013,July-August: 66. 其实，《纽

诺登的进一步披露，美国情报部门大规模电话元数据监控逐渐浮出水面。人们发现，“9·11”恐怖袭击事件之后，美国情报部门不分青红皂白地收集着数百万美国公民的电话元数据，不论受监控者是否有不法行为的嫌疑。号称“民主国家”的美国事实上已经成为一个“监控国家”，理想与现实的差距使得美国情报部门的大规模电话元数据监控迅速引发热议。[1]针对美国一些个人和团体提出的大规模电话元数据监控的合宪性问题，美国联邦法院和国会纷纷予以回应。最终，美国联邦国会通过《自由法案》禁止情报部门根据《爱国者法案》第215条进行大规模电话元数据监控，但该法案的通过并未终结争议。本节拟以美国情报部门的大规模电话元数据监控为研究对象，对其发展、制度内容、联邦法院和国会的回应以及《自由法案》后的大规模电话元数据监控问题进行探研，以期对各国相关制度的完善有所裨益。

一、美国情报部门大规模电话元数据监控制度的发展

长期以来，电话元数据监控是美国情报部门获取情报的手段之

约时报》早在2005年底就揭露，小布什总统在2002年以秘密行政命令，要求NSA未经法院授权非法监控美国人的电话及电子邮件。参见Sinha G.A.，NSA Surveillance since 9/11 and the Human Right to Privacy，http://www.aaron-zimmerman.com/wp-content/uploads/2014/01/Privacy-Supplement-1-Sinha.pdf，2016年12月23日访问。

[1] 消息传来，舆论哗然，NSA局长Keith Alexander将军承认斯诺登已经对美国造成无法修补的损害，参议院情报委员会主席Diann Feinstein甚至认为斯诺登之举是叛国的行为。虽然美国政府以间谍罪通缉斯诺登，但是美国前副总统Al Gore看法却不同，他认为NSA的监控行为已经违法违宪，特别是美国宪法第四修正案的规定。美国国家情报总监James Clapper此前在参议院信誓旦旦的作证表示，NSA并未刻意搜集无数美国人的资料，当档案揭露之后，参议院Rand Paul指控该局局长公然跟大众说谎、以国家安全名义违法，而斯诺登才是说出真相。参见施正锋：“国家安全与人权：史诺顿事件的省思”，载《前瞻科技与管理》，2015年第1期。

一。不过在“9·11”恐怖袭击事件之前，情报部门监控电话元数据是以具体个人为目标的。此外，出于国家安全维护的目的，早期无论是政府、法院，抑或是国会均无意对情报部门监控电话元数据进行限制。直到1978年《涉外情报监控法》的颁布，美国才将以具体个人为目标的情报部门电话元数据监控纳入法制轨道。

“9·11”恐怖袭击事件后，为了应对日益增加的国际恐怖主义威胁，美国情报界的监控权力开始扩张，一个庞大的情报监控体制逐渐建立起来，包括联邦调查局、地方警察、国家安全局和中央情报局等在内的美国情报部门开始进行大规模电话元数据监控活动。2001年9月14日，国家安全局就已大量收集与国外恐怖组织进行通信的美国人的电话号码。2002年年底，国家安全局与美国电话公司进行合作，共同收集和分析美国境内的电话元数据。此外，国家安全局还能获得81%的国际电话通信所产生的元数据。2004年，美国联邦调查局和中央情报局也加入大规模电话元数据监控的行列。尽管美国联邦国会于2001年10月颁布的《爱国者法案》第215条对《涉外情报监控法》进行修改，明确规定联邦调查局有权向涉外情报监控法院申请批准国家安全局获取包括电话元数据在内的任何有形物品，但是情报部门监控大规模电话元数据一直可以越过涉外情报监控法院的审查，径自收集电话元数据。直到2006年5月，涉外情报监控法院开始发布命令要求某些电话公司向情报部门提供其客户所有电话元数据，情报部门的无证电话元数据监控时代才宣布结束。在该命令中，涉外情报监控法院还明确了情报部门大规模电话元数据监控的框架。2008年《涉外情报监控法修正案》通过赋予与情报部门合作收集电话元数据的电话公司追诉豁免权，进一步为情报部门大规模电话元数据监控提供了便利。2012年涉外情报监控法院又发布命令要求 Verizon 公司“每天持续地”向国家安全局提供其所有用户的电话元数据，既包括美国境外的通信，也包括美国境内的通信；其他电话公司也收到类似命令。[1]

由于涉外情报监控法院的命令、意见均是秘密的，而《爱国者法案》禁止电话公司向公众披露其收到的涉外情报监控法院命令及据此向情报部门提供电话元数据的事实，因此，情报部门大规模电话元数据监控一直是秘密进行的，公众对此毫不知情。尽管 2006 年初《今日美国》曾发表文章，报道“9·11”恐怖袭击事件后不久美国几家主要电话公司与国家安全局合作监控美国公民电话元数据，并将这些信息存储在国家安全局大型数据库中，但并未引起关注。直到 2013 年“斯诺登事件”，情报部门的大规模电话元数据监控才逐渐为公众所知。

二、美国情报部门大规模电话元数据监控制度的内容

情报部门大规模电话元数据监控的法律依据主要是《爱国者法案》第 215 条。根据该条规定，其制度内容包括：

第一，大规模电话元数据的收集。根据《爱国者法案》第 215 条的规定，联邦调查局可向涉外情报监控法院提出申请，要求电话公司向国家安全局提供其用户的电话元数据。一般而言，法院命令的期限为 90 天。但是，联邦调查局在命令终结之前可向涉外情报监控法院重新提出申请，要求电话公司继续向国家安全局提供电话元

[1] 通过涉外情报监控法院的命令，国家安全局可以定期从美国主要的通信服务提供商——Verizon、AT&T 和 Sprint 处获得大量电话元数据。参见 Glenn Greenwald, NSA Collecting Phone Records of Millions of Verizon Customers Daily，https://www.theguardian.com/world/2013/jun/06/nsa-phone-records-verizon-court-order，2017 年 3 月 12 日访问。

数据。据此，国家安全局可以持续不断地获取所有人的电话元数据，不论此人是否被指控为犯罪。这里的电话元数据包括各种通信路由信息，包括但不限于通信标识信息（例如，拨打和接听的电话号码、国际移动用户识别码、国际移动设备身份码等）、中继线标识符、电话呼叫卡号码、通信时间和通信持续时间。[1]

第二，电话元数据的存储、查询、分析和传递。国家安全局将收集的电话元数据存储在一个大型数据库中，存储期限原则上为五年。查询电话元数据的范围需由指定的国家安全局工作人员通过“三跳网络”（three-hop network analysis）来确定，即电话元数据的查询范围被限制在一个种子电话号码的 3 次“跳跃”的范围内。种子电话号码是指有合理、明确的理由怀疑其与先前被涉外情报监控法院确认的恐怖组织有关的电话号码。查询开始于种子电话号码，种子电话号码所拨出、接听的号码会生成一个列表，这些直接与种子电话号码进行通话的电话号码为第一“跳”。第二“跳”是指与第一“跳”中的电话号码进行通话的电话号码。第三“跳”是指与第二“跳”中的电话号码进行通话的电话号码。只有为了获取外国情报目的，才能进一步分析查询结果。由指定的国家安全局工作人员负责电话元数据在情报部门之间的传递，联邦调查局或其他情报部门可据此获得相应的线索。不过，当电话元数据涉及美国人的电话通信时，国家安全局只提供与反恐调查相关的线索。[2]

第三，存储、查询、分析和传递电话元数据的程序性保障措施。存储、查询、分析和传递电话元数据的程序性保障措施是由涉外情

[1] Mark Rapisarda，Privacy, Technology, and Surveillance NSA Bulk Collection and the End of the Smith v. Maryland Era，Gonzaga Law Review, 2015(16):122.

[2] Joseph D. Mornin，NSA Metadata Collection and the Fourth Amendment，Berkeley Technology Law Journal, 2014(4):985.

报监控法院发布的命令确定的。[1] 根据涉外情报监控法院发布的关于《爱国者法案》第 215 条的命令，大规模电话元数据监控所获取的电话元数据只能被存储在国家安全局的大型数据库中，期限届满后必须删除，但该电话元数据正处于被调查状态的除外。查询电话元数据的主体只能是指定的国家安全局工作人员，但即便是指定的国家安全局工作人员也不能随意访问或检索国家安全局数据库中的电话元数据。[2] 指定的国家安全局工作人员必须事先获得国家安全局指定的 22 名高级官员之一的批准，批准的要件是工作人员所要查询和分析的电话元数据必须是基于反恐目的的有限信息；如果所查询种子电话号码用户是美国人，还必须有合理、明确的理由怀疑其与某一特定恐怖组织有关。国家安全局将查询结果传递给其他情报部门，必须符合涉外情报监控法院命令中的具体规定并满足最低限度程序。

三、美国联邦法院和国会对情报部门大规模电话元数据监控的回应

（一）联邦法院对情报部门大规模电话元数据监控的回应

情报部门大规模电话元数据监控被公之于众后，美国社会各界针对其合宪性展开激烈的争论。公众普遍认为情报部门根据《爱国者法案》第 215 条进行的大规模电话元数据监控违反宪法第四修正

[1] Edward C. Liu, Andrew Nolan & Richard M. Thompson，Overview of Constitutional Challenges to NSA Collection Activities and Recent Developments, Congressional Research Service，http://www.do-cin.com/p-1575684911.html，2017 年 3 月 7 日访问。

[2] Alexander Galicki，The End of Smith v. Maryland?: The NSA's Bulk Telephony Metadata Program and the Fourth Amendment in the Cyber Age，American Criminal Law Review, 2015(2):375.

案，侵犯了宪法所保障的自由权和隐私权。[1] 然而，情报部门始终坚持大规模电话元数据监控并不违宪。为此，一些个人和团体甚至向联邦法院提起诉讼。截至《自由法案》通过前，针对情报部门大规模电话元数据监控的合宪性，联邦法院在不同程度上作出了回应。

1. 美国联邦地区法院的回应。四个作出回应的联邦地区法院中有三个法院将 1979 年美国联邦最高法院 Smith v. Maryland 案（以下简称 Smith 案）的风险承担理论适用于情报部门的大规模电话元数据监控，认为其不违反宪法第四修正案，仅有一个地区法院于 Klayman v. Obama 案（Klayman 案）中推翻了 Smith 案的适用，表示宪法第四修正案保护这些电话元数据。

（1）2013 年 U.S. v. Moalin 案。在 U.S. v. Moalin 案中，美国政府通过大规模电话元数据监控所获得的信息发现被告 Moalin 串谋并向恐怖分子和恐怖组织提供某些物质支持，因此认定被告 Moalin 有罪。在审判前，被告 Moalin 试图排除这些根据涉外情报监控法院命令获得的有罪证据，理由是政府收集此类信息违反了宪法第四修正案。法院驳回被告 Moalin 要求排除证据的申请，并经过 17 天的审议，陪审团裁定美国政府起诉书中所指控被告 Moalin 的所有罪名都成立。审判结束后，恰逢新闻媒体报道了包括美国情报部门的各种监控计划，其中包括情报部门大规模电话元数据监控。于是，被告 Moalin 提起新的动议，理由是宪法第四修正案保护人们提供给电话公司的电话元数据，美国情报部门大规模收集这些信息侵犯了公民的宪法权利。在审查这项动议时，法院讨论了被告 Moalin 对某些电

[1] 据估计，仅国家安全局每天就可以获得数 10 亿次呼叫产生的电话元数据，并且大多数美国人每次打电话时产生的电话元数据都存储在国家安全局的大型数据库中。详见 Jonathan Stray, FAQ: What You Need to Know About the NSA's Surveillance Programs，http://www.prop-ublica.org/article/nsa-data-collection-faq，2017 年 3 月 12 日访问。

话元数据是否有合理的隐私期待。在被告 Moalin 向法院提交新动议时，曾有评论表示："如果他获得成功（被告 Moalin 的主张被法院支持），那么将对情报部门根据《爱国者法案》第 215 条进行的大规模电话元数据监控造成重创。"

主笔地区法院意见的 Miller 法官从重申联邦最高法院在 Smith 案中的意见开始分析宪法第四修正案。"通话人既已自愿地向电话公司传送数据信息，并在正常业务过程中将该信息暴露于电话公司的设备",便需"承担电话公司向警察披露其所拨打的电话号码的风险"。Miller 法官随后指出，笔式记录器这类记录通话人拨号记录的设备在互联网时代之前大约 150 年就出现了，并不是所谓数字革命的产物，联邦最高法院在 Smith 案中明确认为政府在没有搜查令的情况下从笔式记录器中检索数据并不是宪法第四修正案中的搜查，因为个人为了完成电话呼叫而自愿向电话公司传送数据信息时，无论对方是在索马里还是在美国，他对其所拨打的电话号码（而不是对话的内容）没有合理的隐私期待。虽然被告 Moalin 可能在某种程度上有主观的隐私期待，但其并非社会认可的合理的期待。

（2）2013—2015 年 Klayman v. Obama 案。2013 年 6 月 6 日，作为 Verizon 的用户，Larry Klayman 和 Michael Strange 在哥伦比亚地区法院提起诉讼控告美国国家安全局、司法部和电话公司 Verizon 及其首席执行官。Klayman 和 Strange 指控情报部门根据《爱国者法案》第 215 条进行的大规模电话元数据监控违反了宪法第四修正案，并申请法院签发临时禁令，同时要求情报部门必须销毁其保存的所有电话元数据。

哥伦比亚地区法院认为大规模电话元数据收集和分析毫无疑问违反了合理的隐私期待，Smith 案对 Klayman 案不再具有约束力。

Richard J. Leon 法官首先从四个方面分析了 Smith 案与情报部门大规模电话元数据监控的不同，进而排除 Smith 案的适用。一是 Smith 案中电话元数据的收集时间约为两周，是“短期的”；而大规模电话元数据监控创建了一个包含 5 年数据的数据库。二是 Smith 案中警察和电话公司之间的关系与大规模电话元数据监控中国家安全局和电话公司的关系不可同日而语。电话公司已不是单纯为营业目的收集电话元数据，为执法目的收集信息已成为正式政策。三是大规模电话元数据监控中情报部门使用了美国政府在 1979 年所不能预料的手段收集并存储电话元数据，并规避了防止执法部门滥用权力的法院审查。四是与 1979 年相比，如今手机作为多用途设备使得电话元数据的数量呈指数增长，而且这些电话元数据包含的价值也大大增加，以手机为中心意味着每个人的手机元数据反映了有关其家庭、政治、职业、宗教和性关系等大量细节。这些不同导致人们对隐私的更大期待，并且社会也应当承认这种期待是合理的。在得出原告对其电话元数据享有隐私期待、情报部门收集电话元数据构成宪法第四修正案搜查的结论后，Leon 法官对该搜查行为是否合理进行分析。他指出此判断的做出需衡量公民隐私利益与国家安全利益：当政府没有任何证据怀疑人们有不法行为就对其电话元数据进行大规模监控时，公民隐私权益重于国家安全利益，情报部门的大规模电话元数据监控构成宪法第四修正案中的不合理搜查。此外，鉴于完全没有证据表明大规模电话元数据监控曾有效预防了恐怖袭击，Leon 法官还对情报部门大规模电话元数据监控的实际功效提出了质疑。[1]

[1] Joshua M. Mastracci，Klayman v. Obama: The D.C. District Court Misinterprets the NSA Metadata Collection Program as a Violation of Individual Fourth Amendment Rights，Tulane Journal of Technology and Intellectual Property, 2014(17):365.

有评论指出，鉴于区分了情报部门根据《爱国者法案》第 215 条进行的大规模电话元数据监控和警察在 Smith 案中的电话号码收集，Leon 法官事实上做出了一个“强有力的案例”。[1] 不过也有评论指出 Leon 法官的意见的法律影响还是有限的，因为其只能代表哥伦比亚地区法院，判决很可能会被上诉法院或者最高法院完全推翻。[2]

（3）2013—2015 年 ACLU v. Clapper 案。在 ACLU v. Clapper 案中，原告 ACLU[3] 主张宪法第四修正案保护通话人提供给电话公司并由其保存的大量电话元数据，要求法院判决情报部门根据《爱国者法案》第 215 条进行的大规模电话元数据监控违反了宪法第四修正案，并申请法院颁布永久禁令，禁止美国情报部门继续收集这些元数据。Pauley 法官代表地区法院，重申了 Smith 案的风险承担理论，并指出下级法院受 Smith 案这一先例的约束。根据 Pauley 法官的判决，电话公司创建的商业记录并不是原告 ACLU 所主张的电话记录，而是由电话公司创建和保存的记录，这种区别对宪法来说是至关重要的，因为当一个人自愿将信息传达给第三方（电话公司），则其对该信息丧失隐私权。Pauley 法官还评价了 Leon 法官在 Klayman 案中的意见。对于 Leon 法官在判决中基于自 Smith 案以来电话普及导致电话用户和电话公司之间关系发生变化上展开的论证，Pauley 法官认为这种关系没有改变。此外，关于 Leon 法官论证的与 1979 年

[1] Benjamin Wittes，Thoughts on Judge Leon's Section 215 Opinion，https://www.lawfare-blog.com/thoughts-judge-leons-section-215-opinion，2017 年 4 月 17 日访问。

[2] Ellen Nakashima & Ann E.Marimow，Judge: NSA's Collecting of Phone Records is Probably Unconstitutional，https://www.washingtonpost.com/national/judge-nsas-collect-ing-of-phone-records-is-likely-unconstitutional/2013/12/16/6eO98eda-6688-1 le3-a0b9-249bbb34602c story.html，2017 年 4 月 17 日访问。

[3] ACLU，全称 American Civil Liberties Union（美国公民自由联盟），是一个美国的大型非营利组织，总部设于纽约市，其目的是为了“捍卫和保护美国宪法与法律中所肯定的个人权利和自由”。ACLI 主要通过诉讼、推动立法以及社区教育达到其目标。

Smith 案时相比，现在手机的功能强大使得电话元数据的数量和价值大大增加问题，Pauley 法官认为由于法院所讨论的基本问题仍然集中在电话呼叫等电话元数据方面，因此手机的多功能并不会对宪法第四修正案造成影响。最后，Pauley 法官指出何为元数据并没有随着时间的推移而改变，与 Smith 案一样，大规模电话元数据监控中的电话号码拨号、日期、时间等不属于通信内容，这些信息不受宪法第四修正案保护。因此，法院驳回原告 ACLU 的主张。

Margulies 教授指出，Pauley 法官的意见受到反元数据谴责者的欢迎。[1] 但正如下文将讨论的，第二巡回上诉法院推翻了这项判决。

（4）2014 年 Smith v. Obama 案。与 Klayman 案中讨论的事实类似，爱达荷州紧急新生儿护士 Anna Smith 是 Verizon 公司的客户，她认为国家安全局根据《爱国者法案》第 215 条进行的大规模电话元数据监控收集了关于她的家庭、政治、专业、宗教和亲密关系的大量细节，侵犯了其宪法第一、第四修正案权利，因此申请法院发布临时禁令。美国政府请求法院驳回这一案件。

爱达荷州地区法院首席法官 Winmill 法官首先重申了 Smith 案判决，并指出原告 Anna Smith 对其所拨打的电话号码没有隐私期待。随后，Winmill 法官进一步指出，联邦最高法院在 Smith 案中处理的案件事实——监控犯罪嫌疑人拨出两天的电话号码——是 Anna Smith 案所要处理的案件事实——收集和存储美国公民 5 年的电话元数据——的雏形。而作为本地区法院上诉法院的第九巡回上诉法院一贯认为电话元数据不受宪法第四修正案保护，如果地区法院裁判

[1] Peter Margulies，Judge Pauley's Opinion in Clapper: Reset Button for Bulk Collection Debate?，https://www.lawfareblog.com/judge-pauleys-opinion-clapper reset-buttonbulk-collection-debate，2017 年 4 月 11 日访问。

大规模电话元数据监控违反宪法第四修正案，需由第九巡回上诉法院或联邦最高法院做出新的判例。但由于 Smith 案并没有被上级法院推翻，因此它将继续约束地区法院。[1]

接下来，Winmill 法官发表了自己对 Klayman 案中 Leon 法官意见的看法。Winmill 法官认为 Leon 法官的判决是深思熟虑、写得很好的判决，应作为最高法院意见的模板。Leon 法官发现了美国情报部门收集电话元数据的范围和持续时间远远超过了 Smith 案的笔式记录器收集，进而将 Klayman 案与 Smith 案加以区别对待。Leon 法官判决提出的重要论据之一是 Smith 案没有预料到手机的普及以及 2013 年人们与电话公司的关系完全不同于 34 年前的事实。此外，正如 Leon 法官所观察到的那样，曾经揭示了一个人一些信息的零散记录现在揭示了一个充满活力且不断更新的个人生活的图像。尽管 Winmill 法官对 Leon 法官在 Klayman 案中的意见十分钦佩，但他表示爱达荷州地区法院的上诉法院第九巡回上诉法院以及联邦最高法院需改变其先例将情报部门的大规模电话元数据监控视为违宪，否则 Smith 案将不会被推翻，它会继续束缚法院，从而限制 Klayman 案中 Leon 法官判决的影响力。[2] 因此，2014 年 6 月爱达荷州地区法院批准了被告的驳回动议请求。

EFF[3] 与美国 ACLU 和美国爱达荷州 ACLU 加入了 Anna Smith

[1] Orin S. Kerr，Another Federal Judge Rules on Legality of NSA Surveillance，https://www.washingtonpost.com/news/volokh-conspiracy/wp/2014/06/03/another-federal-judge-rules-on-legality-of-nsa-surveillance/，2017 年 3 月 16 日访问。

[2] Orin S. Kerr，Another Federal Judge Rules on Legality of NSA Surveillance，https://www.washi-ngtonpost.com/news/volokh-conspiracy/wp/2014/06/03/another-federal-judge-rules-on-legality-of-nsa-surveillance/，2017 年 4 月 21 日访问。

[3] EFF，全称 Electronic Frontier Foundation（电子前沿基金会），是一个非营利性的国际法律组织，成立于 1990 年。主要任务是对那些 EFF 认为遭受了毫无根据的或错误的法律威胁的个人和新技术提供资金援助或法律辩护服务，向政府和法院提供法律指导，组织行

的法律团队，同她一起于 2014 年 7 月向第九巡回上诉法院提出上诉。[1]

2. 美国联邦巡回法院的回应。与地区法院态度不同，巡回法院并未在判决中直接回应情报部门的大规模电话元数据监控视问题，而是将案件发回地区法院重审。Klayman v. Obama 案的上诉法院哥伦比亚特区巡回法院集中解决了原告申请禁止国家安全局继续大规模监控电话元数据的临时禁令是否达到法院批准条件的问题，只在结束时提到了第四修正案问题。[2] ACLU v. Clapper 案（2014）的上诉法院联邦第二巡回上诉法院主要解决大规模电话元数据监控是否超出《爱国者法案》第 215 条授权范围问题。因此，这里仅讨论第二巡回上诉法院的意见。

2014 年 9 月 2 日，第二巡回上诉法院审理了上诉人——原告 ACLU 的上诉。ACLU 认为 Pauley 法官的驳回判决是错误的，美国情报部门进行的大规模电话元数据监控未经授权，违反了宪法第四修正案。经审查，Lynch 法官代表第二巡回上诉法院写道，由于情报部门根据《爱国者法案》第 215 条进行的大规模电话元数据监控超出了国会授权的范围，因此法院决定撤销原审法院的驳回判决。尽管 Lynch 法官没有将宪法第四修正案作为其驳回判决的依据，但他在判决附带意见中详细讨论了宪法第四修正案的问题。

Lynch 法官在判决附带意见中指出，政府和地区法院基于风险

动支持那些有助于维护个人权利的新技术，维护相关新闻和信息的数据库及网站，监视和挑战那些它认为会侵犯个人权利和公平的法律等。

[1] 2016 年 3 月，第九巡回法院裁定，因为《自由法案》终止了 Anna Smith 所指控的大规模电话元数据监控，因此将案件发回地区法院重审。

[2] Benjamin Wittes，Standing Confusion in Obama v. Klayman，https://www.lawfareblog.com/standing-confusion-obama-v-klayman，2017 年 4 月 21 日访问。

承担理论要求上诉法院驳回上诉人关于获取电话元数据（而不是通信内容）违反第四修正案的主张，上诉人则回应称现代技术的发展要求法院重新审视适用于电话元数据的风险承担理论。Lynch法官认为，Smith 案中的风险承担理论是否适用于大规模电话元数据监控的问题正处于风口浪尖上。高速计算机的出现开发了能够潜在侵犯隐私的政府数据库。大规模电话元数据监控的对象涉及每个电话用户，特别是移动电话用户，几乎全部美国人的电话元数据都在被持续不断地收集，而非仅在特定犯罪调查中的有限期间内，存储这些电话元数据的国家安全局数据库很可能侵犯公民隐私。

3. 美国涉外情报监控法院的回应。作为大规模电话元数据监控的批准部门，涉外情报监控法院经常面对大规模电话元数据监控是否违反宪法第四修正案的问题。Pauley 法官在 Clapper 案的判决中就指出，自 2006 年 5 月以来，有 15 个不同的涉外情报监控法院法官共计 35 次认为情报部门根据《爱国者法案》第 215 条进行的大规模电话元数据监控合法。不过，一直以来涉外情报监控法院做出的意见是秘密性的。“斯诺登事件”后，涉外情报监控法院公开了部分意见，此处仅介绍三份涉及大规模电话元数据监控是否违反宪法第四修正案的典型意见。

（1）2013 年 8 月涉外情报监控法院意见。联邦调查局于 2013 年 7 月 18 日向涉外情报监控法院提交申请，要求涉外情报监控法院批准电话公司每日向国家安全局传送电话元数据。涉外情报监控法院在法律规定的安全程序下单方面举行听证会，最终于 2013 年 7 月 19 日批准了该申请。据《华盛顿邮报》称，2013 年 8 月的意见是首次向公众公开的涉外情报监控法院分析情报部门大规模电话元数据监控是否违反宪法第四修正案的意见。[1]

Eagan 法官代表涉外情报监控法院指出，情报部门根据《爱国者法案》第 215 条进行的大规模电话元数据监控受 Smith 案的约束。联邦最高法院在 Smith 案中认识到电话公司在正常的业务过程中为各种目的保存呼叫详细记录，并且电话用户通常知道以下事实：他们必须向电话公司传送电话元数据，而电话公司具有记录电话元数据的设施，并且电话公司为了各种合法的商业目的事实上记录了这些数据。因此，一旦一个人将电话元数据传送给第三方（在该案中是电话公司），其对电话元数据便没有了合法的隐私期待，并且情报部门从电话公司获得该电话元数据不构成宪法第四修正案意义范围内的搜查。

在审查联邦调查局的申请时，Eagan 法官还分析了宪法第四修正案是否禁止情报部门的大规模电话元数据监控问题。在考虑 Smith 案与情报部门大规模电话元数据监控的区别之后，Eagan 法官认为不同于 Smith 案收集的是一个犯罪嫌疑人电话元数据，大规模电话元数据监控收集的是不同电话公司的不特定个人的电话元数据。但她引用了涉外情报监控法院在这之前的类似法律分析，并指出如果一个犯罪嫌疑人电话元数据不受宪法第四修正案保护，那么，大量类似个人组合在一起的电话元数据也不受宪法第四修正案的保护。换言之，如果收集一个人的电话元数据不违反宪法第四修正案，那么针对许多人的大规模电话元数据监控亦不会违反宪法第四修正

[1] Ellen Nakashima, FISA Court Releases Opinion Upholding NSA Phone Program, https://www.washingtonpost.com/world/national-security/fisacourt-releases-opinion-upholding-nsa-phone-program/2013/09/17/66660718-1 fd3-1 I e3-b7dl-715 3ad47b549_story.html, 2017 年 5 月 12 日访问。

案。[1] Eagan 法官在总结意见时称，联邦调查局的申请只涉及电话公司收集和保存的电话元数据，而 Smith 案的判决认为宪法第四修正案没有阻止这种收集活动，因此在没有使法院做出相反裁决的法律依据出现之前，电话元数据数量的剧增将不会改变前面的结论。

（2）2013 年 10 月涉外情报监控法院意见。2013 年 10 月，涉外情报监控法院 McLaughlin 法官发布命令，批准联邦调查局要求延长监控的申请。McLaughlin 法官既采纳了 Eagan 法官有关宪法第四修正案的结论，又通过另外的推理来支持大规模电话元数据监控不涉及第四修正案。

McLaughlin 法官赞同 Eagan 法官根据 Smith 案认为大规模电话元数据监控不构成宪法第四修正案的搜查的意见。最高法院在 Smith 案强调，美国政府使用笔式记录器记录从被告电话拨打的号码不构成宪法第四修正案意义上的搜查，因为“所获得的电话元数据不包括任何通信的内容，并且该数据是由政府从电话公司获得的，被告为了完成他的呼叫目的而自愿公开该信息。”《纽约时报》称，Eagan 法官的意见受到批评的部分原因是她没有提到联邦最高法院在 2012 年做出的一个具有里程碑意义的判决——Jones 案，[2] 与之不同的是 McLaughlin 法官特别提到了 Jones 案的判决并认为该案不会将意见导向不同的结果。

具体来说，McLaughlin 法官指出，虽然 Jones 案的多数意见认为即使没有任何物理入侵，政府对某人位置的精确、普遍监控也可

---

[1] Benjamin Wittes & Jane Chong，Congress Has No Clothes: A Quick and Dirty Summary of the New FISC Opinion，https://www.lawfareblog.com/congress-has-no-clothes-quick-and-dirty-summary-new-fisc-opinion，2017 年 3 月 12 日访问。

[2] Charlie Savage，N.S.A. Plan to Log Calls Is Renewed by Court，http://www.nytimes.com/2013/10/19/us/nsa-plan-to-log-calls-is-renewed-by-court.html，2017 年 4 月 12 日访问。

能触发第四修正案的保护，但她要审查的问题（即大规模电话元数据监控）不涉及 Jones 案中的监控，而是与 Smith 案一样，获取除位置信息之外的非内容性通信元数据。McLaughlin 法官还讨论了 Jones 案中 Sotomayor 法官的意见。Sotomayor 法官认为风险承担理论不适合数字时代，联邦最高法院可能有必要重新考虑一个人对自愿披露给第三方的信息没有合理的隐私期待的问题。McLaughlin 法官在她的涉外情报监控法院意见中强调，Jones 案并没有真正重新审查风险承担理论的相关性，因而 Smith 案仍然具有绝对约束力。

（3）2014 年 3 月涉外情报监控法院意见。2014 年 1 月 3 日，涉外情报监控法院发布命令要求电话公司批量并持续向情报部门提供其拥有的元数据。同月 22 日，电话公司向涉外情报监控法院提交请愿书，要求法院根据 Leon 法官在 Klayman 案中得出的结论撤销或修改该命令。[1] 作为回应，美国政府向涉外情报监控法院提交了一份答复摘要，指出涉外情报监控法院在发布命令时已考虑到了 Klayman 案的判决以及涉外情报监控法院 2013 年 8 月和 10 月的意见。Collyer 法官代表涉外情报监控法院肯定了批准命令的效力，不仅从 Smith 案出发分析情报部门大规模电话元数据监控是否合宪，还详细分析了 2012 年的 Jones 案和 2013 年的 Klayman 案，以证明风险承担理论对数字化时代情报部门大规模电话元数据监控的约束力。

Collyer 法官首先分析得出大规模电话元数据监控中的电话元数据与 Smith 案中的电话元数据在本质上没有区别。此外，涉外情报监控法院和两个联邦地区法院的裁判意见都适用了 Smith 案的风险

---

[1] 据评论称，此请愿是电话公司第一次直接挑战涉外情报监控法院发布的情报部门大规模电话元数据监控的批准命令。见 Julian Hattem，Phone Company Fought NSA—and Lost，http://thehill.com/policy/technology/204438-phone-company-challenged-nsa-program-lost，2017 年 4 月 6 日访问。

承担理论，因此，认为 Smith 案对法院审查大规模电话元数据监控仍具有约束力。

紧接着，Collyer 法官逐一反驳 Leon 法官在 Klayman 案的意见：

第一，Collyer 法官发现，Leon 法官将目光放在情报部门获得电话元数据后会发生什么以及可能发生什么，Collyer 法官认为这个焦点是错误的，因为风险承担理论明确表示个人对其自愿提交给第三方的信息没有合理的隐私期待，不管这些信息被如何使用，自愿披露信息的个人应独自承担风险。

第二，Leon 法官关于公民对情报部门和电话公司之间关系的期待的断言没有提供推翻 Smith 案的依据。风险承担理论的有关司法先例从未体现政府和通信服务提供商之间关系的改变会对政府行为是否构成搜查产生影响。

第三，Collyer 法官不认同 Leon 法官以今天电话元数据的数量和价值增加为由拒绝适用 Smith 案。Collyer 法官承认今天的手机与 Smith 案时代的电话已大不相同，是集地图、音乐播放器、相机、文本消息传送等功能于一体，同时可以接入互联网的多用途设备，但 Collyer 法官同时指出，情报部门在获取信息的类型范围上受到限制，例如所拨打的电话号码，呼叫的长度，以及呼叫的日期和时间。因此，手机上的附加功能不会产生大规模电话元数据监控中的电话元数据，这种电话技术的变革与分析情报部门大规模电话元数据监控是否违反宪法第四修正案无关。

第四，Collyer 法官认为 Leon 法官一再强调国家安全局电话元数据数据库容量巨大，但根据联邦最高法院的先例，这是错误的，有关宪法第四修正案的问题是特定用户是否对其电话元数据享有合理的隐私期待，收集范围和国家安全局数据库容量在评估隐私期待是否合理时是无关紧要的。

最后，关于联邦最高法院在 Jones 案的判决是否改变电话元数据隐私期待问题。Collyer 法官分析认为，Jones 案解决了宪法第四修正案问题，但采取了不同的分析方法，因此很难为下级法院适用。首先，Alito 法官的多数意见没有提及 Smith 案，而是认为美国政府通过对被告车辆这一宪法保护区域的物理入侵获得有关信息，以独特的方法削弱了 Leon 法官的意见。其次，尽管 Sotomayor 法官认为有必要反思 Smith 案的风险承担理论并得出风险承担理论不适合数字时代的结论，但由于 Jones 案涉及特定目标的 GPS 追踪监控，Sotomayor 法官本人也明确表示没必要在 Jones 案中重新审视 Smith 案及风险承担理论，因此，虽然 Jones 案的协同意见可能反映了联邦最高法院大多数法官准备重新审视宪法第四修正案的相关理论，但 Jones 案本身并没有突破 Smith 案及风险承担理论。[1]

（二）美国联邦国会对大规模电话元数据监控的回应

因“斯诺登事件”引发公众对政府的信任危机，而联邦法院回应挑战情报部门大规模电话元数据监控合宪性的能力有限，因此，联邦国会诸多议员认为必须由联邦国会通过立法来避免监控权力的滥用，以便在公民权利保护需求和反恐情报收集需要之间达成适当的平衡。

1.《自由法案》通过前国会议员的努力。在《自由法案》通过之前，联邦参众议员提出了诸多法律提案以直接或间接改革情报部门大规模电话元数据监控，但这些改革均以失败告终。

[1] Steven G. Stransky，The Fourth Amendment and Bulk Telephone Metadata An Overview of Recent Case Law，Saint Louis University Public Law Review, 2015(1):3.

在众议院，Justin Amash 首先在《国防部拨款法案》辩论期间提出《Amash-Conyers 修正案》，试图通过减少资金赞助来限制滥用《爱国者法案》第 215 条。该修正案受到激烈的辩论，支持者认为它将在终结情报部门滥用《爱国者法案》第 215 条时代的同时，允许存在情报部门合法监控，反对者则认为情报部门根据《爱国者法案》第 215 条进行大规模电话元数据监控是合宪的，因为它没有监控通信内容，并且监控对打击恐怖主义是必要的。《Amash-Conyers 修正案》最终以 217 票反对、205 票支持而失败。在众议员 Jim Sensenbrener 提出了《自由法案》提案来抵制情报部门通过《爱国者法案》第 215 条进行扩权后，[1] 众议员还提出了《自由法案》提案的辅助性法律：《废除国家监控法案》（Surveillance State Repeal Act）规定收集美国人的信息必须有基于合理理由发布的许可令状，并规定对举报者提供更高的保护；《情报监管和责任法案》（Intelligence Oversight and Accountability Act）要求涉外情报监控法院向联邦国会更多地报告其发布的命令，但并不要求向公众公开；《政府监控透明法案》允许通信服务提供商公布他们必须遵守的涉外情报监控法院命令的总数；《电话监控责任法案》（Government Surveillance Transparency Act）只增加了一个涉外情报监控法院发布搜查电话元数据命令的标准，规定只能授权搜查有合理、明确犯罪嫌疑的电话元数据。然而，这些辅助性法律并没有得到广泛支持。

在参议院，《终结秘密法》（Ending Secret Law Act）规定公开涉外情报监控法院批准大规模电话元数据监控的所有命令，但如果因

[1] Devon Ombres，NSA Domestic Surveillance from the PATRIOT Act to the FREEDOM Act: The Underlying History, Constitutional Basis, and the efforts at Reform，Seton Hall Legislative Journal, 2015(1):27.

国家安全问题无法公开命令，则必须公布判决摘要。《监控透明法》（Surveillance Transparency Act）一方面要求总检察长向联邦国会提交年度机密报告，包括涉外情报监控法院授予收集电话元数据命令的数量，以及被收集电话元数据的人数统计；另一方面还允许电话公司发布接收和遵守涉外情报监控法院命令的数量以及根据命令提交的电话元数据所涉人数的半年报告。《自由和隐私法》（Freedoms and Privacy Act）规定基于国家安全局监控计划获得的证据而被联邦政府起诉的公民可以申请公开涉外情报监控法院的批准命令；在刑事诉讼中使用这些证据或在执法机构内分享这些信息必须要有总检察长出具的书面证明，书面证明中必须涵盖并总结这些信息在调查或刑事诉讼中的使用情况，总检察长须每年向联邦国会报告两次。[1]与众议院的情形一样，这些法令并没有被通过。

2.《自由法案》中有关大规模电话元数据监控的改革。

（1）《自由法案》通过的进程。联邦国会对大规模电话元数据监控的立法改革最瞩目的当属《自由法案》，该法案的通过进程可谓十分曲折。最初，众议员 Jim Sensenbrener 提出《自由法案》提案后，众议院通过了这项法案，但在参议院展开了激烈的辩论。与传统的党派之争不同，该法案在提交之初便遭到美国两党领导人和白宫的一致反对。在美国目前的政治环境中，通过任何立法都是困难的，更何况有关法律被领导人反对，可以预见这种立法会难上加难。[2]隐

[1] Devon Ombres，NSA Domestic Surveillance from the PATRIOT Act to the FREEDOM Act: The Underlying History, Constitutional Basis, and the efforts at Reform，Seton Hall Legislative Journal, 2015(1):27.

[2] Philip Bump，The 113th Congress Is Historically Good at Not Passing Bills，https://www.wash-ingtonpost.comblogs/thefix/wp/2014/07/09/the-113th-congress-is-historically-good-at-not-passing-bills，2017 年 4 月 9 日访问。

私团体和技术公司加入了支持该法案的议员队伍中，给反对改革者施加着压力，[1] 但仍无法避免原始《自由法案》胎死腹中的命运。

经过立法妥协后，众议院于 2014 年 5 月 22 日以 303 票赞成、121 票反对通过修正后的《自由法案》。修正后的《自由法案》不包括原始《自由法案》中包含的一些有意义的改革。因此部分参议员与许多隐私倡导者和技术公司仍支持众议院以前通过的原始《自由法案》。经过一系列努力，尽管有 303 名众议员和 58 名参议员的支持，修正后的《自由法案》最终还是因没有达到参议院 60 票赞成而未能通过。

2015 年初，参议两院共同协调众议院通过的《自由法案》提案和由参议员 Leahy 提出的更新提案。[2] 2015 年 4 月 28 日，众议员 Sensenbrenner、Goodlatte、Conyers 和 Nadler 又提出新的《自由法案》提案。尽管众议院通过协调众议院和参议院各种提案之间的差异使《自由法案》在众议院获得了强有力的支持，但参议院仍然没有支持该法案。

2015 年 5 月 13 日，众议院以 338 票赞成、88 票反对再次通过了《自由法案》。这种压倒性的支持率对参议院来说是一个重要声明。随着《爱国者法案》第 215 条即将到期，参议院仍拒绝通过《自由法案》。一方面，部分议员如 Mitch McConnell、Saxby Chambliss 和 Chuck Grassley，致力于推动《爱国者法案》第 215 条获得重新授权。[3] 另

[1] Reform Government Surveillance，Read our Open Letter to the Senate on the USA Freedom Act，https://www.reformgovernmentsurveillance.com/#111614，2017 年 3 月 16 日访问。

[2] Spencer Ackerman，NSA Reform Bill Imperiled as It Competes with Alternative Effort in the Senate，https://www.theguardian.com/us-news-2015/apr/28/house-nsa-reform-bill-senate-usafreedom-act，2017 年 3 月 8 日访问。

[3] Kim Zetter，The Senate Fails to End NSA Bulk Spying, Votes Against USA FREEDOM Act，https://www.hackbusters.com/news/stories/327721-the-senate-fails-to-end-nsa-bulk-spyi-

一方面，部分议员如 Rand Paul 坚决主张《爱国者法案》第 215 条到期失效。因此，当 McConnell 于 5 月 22 日将授权《爱国者法案》第 215 条继续有效的申请提交参议院时，紧张局势达到顶峰。此时距《爱国者法案》第 215 条到期仅剩 7 天。双方议员据理力争，互不相让。5 月 31 日晚上，参议院以 77 票同意、17 票反对的结果开始审议《自由法案》。[1] McConnell 提出了几项旨在削弱《自由法案》保护公民自由的修正案。[2] 但由于参议院规定周二（6 月 2 日）之前不允许对法案或修正案的最终通过进行表决。因此，《爱国者法案》第 215 条在 2015 年 6 月 1 日 12 时暂时失效。2015 年 6 月 2 日，参议院终于与众议院的意见达成一致，以 67 票支持、32 票反对的结果通过《自由法案》，当天美国总统奥巴马签署生效。

（2）《自由法案》改革的内容。《自由法案》有关情报部门大规模电话元数据监控的改革主要在第 1 章“《涉外情报监控法》业务记录”中，具体改革措施如下：

第一，将存储电话元数据的数据库从国家安全局转移至各个电话公司。情报部门仍有权获取呼叫详细记录，包括会话识别信息（拨打的电话号码，国际移动用户识别号码或国际移动台设备识别号码）、呼叫的时间和通信持续时间；不包括任何通信内容，用户姓名、地址或财务信息，基地台位置或全球定位系统信息。但是，情报部门

---

ng-votes-against-usa-freedom-act，2017 年 3 月 23 日访问。

[1] Julian Hattem，PATRIOT ACT Expires as Paul Blocks Final Vote on NSA Reform，http://thehill.com/policy/nationalsecurity/243575-patriot-act-expires-as-paul-blocks-final-vote-on-NSA-reform，2017 年 3 月 23 日访问。

[2] Robyn Greene，Senators Should Oppose Senator McConnell's Amendments and Pass a Clean Version of the USA FREEDOM Ac，https://www.newamerica.org/oti/senators-should-opposesenator-mcconnells-amendments-and-pass-a-clean-version-of-the-usa-freedom-act/，2017 年 4 月 8 日访问。

须事先申请涉外情报监控法院的批准，获得批准后方可从电话公司调取电话元数据。[1]

第二，将电话元数据的收集对象从“所有人”限缩到“具体选择项”。具体选择项是指能够确定的个人、地址、个人设备或其他具体标识符。申请收集电话元数据必须具体到某个独立的实体，比如某个人、某个账户或某台电子设备。具体选择项既不能是电讯服务提供商或远程计算服务提供商，服务提供商本身是授权调查对象的除外；也不能是广泛的地理区域，如美国、城市、县、州、邮政编码或区域代码。如果情报部门能够合理、明确地怀疑具体选择项与从事国际恐怖主义的外国势力或外国势力的代理人有关，涉外情报监控法院可以发布命令，允许从服务提供商数据库获取持续、日常生成并存储的电话元数据。此外，收集电话元数据的时间不得超过180天，若申请延长的，涉外情报监控法院可以批准延长申请；涉外情报监控法院还要指导国家安全局采取最低限度程序，迅速销毁不是外国情报信息的电话元数据。

第三，将电话元数据的搜查范围由“三跳网络”限制为“两跳网络”。有合理、明确的理由怀疑其与外国势力或外国势力的代理人有关的具体选择项所拨出、接收的电话号码列表为第一“跳”，第一“跳”所生成的电话号码所拨出、接听的电话号码列表为第二“跳”。指定的国家安全局工作人员至多可以在具体选择项的两次“跳跃”所生成的电话号码列表内进行查询。

第四，规定了大规模电话元数据监控改革条款生效的180天过

[1] Jonathan Ernst，USA Freedom Act vs expired Patriot Act provisions: How do the spy laws differ?，https://www.rt.com/usa/264005-freedom-patriot-act-surveillance/，2017年3月16日访问。

渡期，在过渡期内国家安全局仍可继续大量收集电话元数据，以便国家安全局有时间转换到一个更有限、更有针对性的监控制度中。[1]

四、《自由法案》后的情报部门大规模电话元数据监控

对于《自由法案》有关情报部门大规模电话元数据监控的改革，美国各界褒贬不一。美国政府和主流媒体对其大加赞扬。例如，美国总统奥巴马在签署《自由法案》时称赞该法案“通过禁止国家安全局依据《爱国者法案》第215条进行大规模电话元数据监控，有利于加强公民自由保障，并为美国政府的电话元数据监控提供更多的公众信任。”[2] 美国多数主流媒体也称赞《自由法案》的改革条款在维护国家安全和保障公民权利之间取得适当平衡，对改善公民权利保护至关重要。

然而，也有很多人对《自由法案》有关情报部门大规模电话元数据监控的改革措施表示失望。《自由法案》2013年版本的确旨在结束情报部门大规模电话元数据监控，但到2014年底，众议院大大削弱了法案中保护公民权利的内容，其在参议院也停滞不前。为使《自由法案》在2015年5月31日《爱国者法案》第215条到期废止之前得以通过，最终修订版不得不删除一些有关情报部门大规模电话元数据监控的改革条款，[3] 使得该法案表面上建立了一个新的、狭窄的监控机制，情报部门似乎只能有针对性地收集电话元数据，然而，

---

[1] Sergio Suarez，Is America Safer? The USA FREEDOM Act of 2015 and What the FBI and NSA Have, Can, and Should be Doing，Law School Student Scholarship, 2017(1):882.

[2] Statement by the President on the USA FREEDOM Act，https://www.whitehouse.gov/the-press-office/2015/06/02/statement-president-usa-freedom-act，2017年3月20日访问。

[3] John W. Rollins& Edward C. Liu，NSA Surveillance Leaks: Background and Issues for Congress，http://www.fas.org/sgp/crs/intel/R43134.pdf，2017年3月4日访问。

事实上情报部门仍可以继续大规模收集电话元数据，原因在于：

第一，虽然《自由法案》禁止情报部门根据《爱国者法案》第215条进行大规模电话元数据监控，但这并不意味着美国情报部门大规模电话元数据监控的终结。一来虽然《自由法案》通过一系列规定限制了美国情报部门直接收集电话元数据的能力，但由于电话公司收集并存储电话元数据仍几乎覆盖了全部美国公民的所有电话呼叫，数据库的转移使情报部门收集电话元数据的对象和范围几乎没有变化。二来《自由法案》仍规定情报部门通过申请涉外情报监控法院发布命令来获取电话元数据，而由于涉外情报监控法院本身难以发挥通过司法权制约行政权的功能，一旦涉外情报监控法院批准了大量的针对具体选择项的监控申请，情报部门事实上仍可以收集大量美国人的电话元数据。[1]

第二，部分美国学者及前情报部门官员开始注意到，《自由法案》只禁止情报部门根据《爱国者法案》第215条进行的大规模电话元数据监控，而不为公众所知的是，情报部门根据1981年里根总统发布的《行政命令12333号》进行境外通信内容和元数据拖网收集时，会不可避免地、偶然地从美国境外获取大量美国人的电话元数据。更糟糕的是此监控行为不受司法审查和国会监督。这是因为，一方面，1978年《涉外情报监控法》只禁止情报部门在没有涉外情报监控法院许可令状的情况下开展以美国人为监控目标的情报监控，而情报部门以其根据《行政命令12333号》在美国境外所从事的监控活动不会以任何美国人为监控目标为由规避了涉外情报监控法院的审查。

[1] Jennifer Granick，NSA's Creative Interpretations Of Law Subvert Congress And The Rule Of Law，https://www.forbes.com/sites/jennifergranick/2013/12/16/a-common-law-coup-detat-how-nsas-creative-interpretations-of-law-subvert-the-rule-of-law/#1e6fa25a89a6，2017年3月20日访问。

此外，情报部门根据《行政命令 12333 号》附带监控美国境内电话元数据是秘密进行的，这种顶级机密程序使得在没有第二个“斯诺登”的情况下，普通公众很难知悉或证明其电话元数据正在被监控，进而对情报部门根据《行政命令 12333 号》进行的大规模电话元数据监控提出合宪性质疑。另一方面，秘密监控亦使情报部门的大规模电话元数据监控免于联邦国会监督。不受联邦法院和国会制约的情报部门仍然极易滥用监控权力，从而以维护国家安全之名任意干预宪法所保障的公民权利。

第三，由于美国情报部门的大规模电话元数据监控不仅监控通信双方均在美国境内的国内通信及通信一方在美国境内的国际通信，也监控通信双方均在美国境外的通信，因此，《自由法案》对美国情报部门大规模电话元数据监控的改革也受到全球范围的关注。对其他国家或地区的人而言，《自由法案》仍遵循美国在情报部门监控规制上一直奉行的内外有别原则，只规定了美国情报部门在美国境内的行为准则，并未约束情报部门的境外监控，情报部门仍可大规模监控美国以外其他国家或地区的电话元数据，法案的通过不会对他们的隐私权保障产生任何影响。面对《自由法案》的歧视性，国际特赦组织的安全与人权计划主任泽克·约翰逊就明确指出，任何不能禁止大规模监控、终止歧视美国以外的人的解决措施都是错误的。[1]

本杰明·富兰克林曾说过，那些为了得到一时安全而放弃永久自由的人，既不能得到自由也不配得到安全。21 世纪以来，国际反恐形势日益严峻，为维护国家安全而适当限缩公民宪法权利已不可

[1] Natalie Butz，Congress Must Put Human Rights at the Center of Surveillance Reform Amnesty International，http://www.amnestyusa.org/news/press-releases/congress-must-put-human-rights-at-the-center-of-surveillance-reform，2017 年 3 月 23 日访问。

避免，问题在于如何划定安全与自由之间的宪法界限以兼顾公民权利保障和国家安全维护。[1] 在美国，面对情报部门为了维护国家安全而大规模监控电话元数据是否合宪的问题，联邦最高法院至今尚未予以回应，《自由法案》的通过也未终结美国情报部门大规模电话元数据监控。当然，这并不意味着法院必须或者可以完全弃守相关法律问题或个案争议。由于短时间内联邦国会不太可能审查评估其制定的《自由法案》，所以联邦法院尤其是联邦最高法院仍应秉持宪法限制权力、保障权利的精神，有权也有责任在合适的时机、在个案中审查判定相关条文的解释适用、情报部门是否确实遵守相关程序规范，乃至于相关条文是否合宪、是否合理妥适，从而建构更加周延合理的情报部门电话元数据监控制度。[2]

第三节　美国涉外情报监控法院制度

为确保宪法赋予公民的权利不被情报部门以维护国家安全之名加以不当干预，美国 1978 年颁布的《涉外情报监控法》建立了涉外情报监控法院制度，通过引入司法审查机制防止政府部门滥用情

[1] 反制与打击恐怖活动已成为美国当前国策，根据皮尤民调中心显示（PEW Research Center U.S. Politics & Policy，2013），56% 美国人表示可以接受政府的监控，62% 愿意放弃隐私换取安全，但不接受比率亦达 41%；45% 受访者表示，如果监控能避免另一次“9・11”恐怖袭击，政府应监控每个人的网络活动。足见国家和人民生命财产安全、隐私和自由权利之间，隐约间已出现新的平衡关系和新民意趋向：“自由并非没有代价”“对隐私的适当侵犯”都成为反恐时代的新价值观。参见李安曜、严奇峰：“国家安全与个人隐私——数位时代的政府监控争议”，载《中原企管评论》，2016 年第 2 期。

[2] Nicole B. Cdsarez，The Synergy of Privacy and Speech，University of Pennsylvania Journal of Constitutional Law, 2016(3):813.

报监控权。然而，立法对作为秘密监控审批者的涉外情报监控法院的一系列制度安排，不免令人担忧其是否能够担负起防止情报部门滥权、保护公民宪法权利的重任。特别是“9·11”恐怖袭击事件后，美国联邦国会相继颁布《爱国者法案》《保护美国法》及《涉外情报监控法修正案》对《涉外情报监控法》进行修改，使涉外情报监控法院不断行政部门化，进而引发学者、社会团体甚至涉外情报法院前法官的猛烈批评。2013 年“斯诺登事件”使得美国政府一手缔造并操作的人类有史以来最强大的秘密监控体系掀起了其“面纱”的一角，涉外情报监控法院这一秘密司法机构也越来越多地浮出水面，[1] 社会公众得以看清其对情报部门的监控申请几乎有求必应的真实面目。该事件引发了各界对包括涉外情报监控法院在内的美国涉外情报监控制度的激烈辩论，最终促成 2015 年《自由法案》的一系列改革举措。然而，该法案的颁布并未给社会各界对涉外情报监控法院制度的讨论划上休止符。本节拟对美国涉外情报监控法院的建立与发展、社会各界对其批评以及《自由法案》对涉外情报监控法院制度的改革等问题进行深入探研，以期对各国相关制度的改革有所裨益。

一、美国涉外情报监控法院的建立与发展

（一）涉外情报监控法院的建立

“自由”一直是美利坚合众国人民的终极追求。自美国建立伊始，合众国人民就对政府有着天然的不信任感。对此，美国国父们通过宪法第四修正案以及三权分立制度确保合众国人民的宪法自由不因

[1] 徐彤武：“秘密监控计划的审批者：美国对外情报监视法院”，载《世界知识》，2013 年第 15 期。

政府以“涉外情报”和“国家安全”为名遭到侵犯。[1] 虽然，政府努力在收集情报时保持“为国家安全目的收集情报”和“保护美国公民的隐私”之间的平衡，但在紧急情况下，政府情报部门通常难免会以国家安全为由，侵犯公民的隐私和言论自由。20 世纪的大部分时间里，美国三大情报部门——联邦调查局、中央情报局和国家安全局在进行情报收集工作时均逃避了联邦国会的监督。

1972 年“水门事件”东窗事发，引发人们对情报部门滥用监控权力的全面反思。为此，美国联邦参议院于 1975 年 1 月 27 日组建了专门委员会（简称丘奇委员会），负责调查情报部门情报监控工作是否越权和非法。丘奇委员会调查发现，在过去四十多年里情报监控滥用现象广泛存在。监控对象也不限于敌人，就连记者、国会议员幕僚、联邦最高法院法官、行政官员、反对党以及和平示威的普通公民都难逃被监控。尤其是对政府以国家安全为由展开不当的监控几乎没有任何监督的机制。[2] 丘奇委员会认为造成情报部门滥权的主要原因在于：

一是法律对“国家安全”“外国情报”等术语规定模糊，这给政府留下了任意解释的机会。正如丘奇委员会所指出的那样：“‘外国情报’是一个非常广泛的、具有可塑性的术语，通过对该术语进行任意解释，情报部门无限扩大其监控权力，使得情报部门的权限已超出人们的预期范围。”

二是政府官员对情报部门监控行为持默许态度，助长了情报部门的监控权力不断扩张，所谓“情报部门有罪不罚”的“文化”大

---

[1] Lawrence R. Jacobs，Walter F. Mondale: In the Tradition of James Madison (unpublished essay)，http://mondale.law.umn.edu/pdf/JacobsEssay.pdf，2016 年 12 月 20 日访问。

[2] 施正锋：“国家安全与人权：史诺顿事件的省思”，载《前瞻科技与管理》，2015 年第 1 期。

行其道。

三是情报部门监控行为的秘密性使其缺乏来自公众的监督，使得情报部门更加肆无忌惮地进行监控。

四是缺少国会和法院的制约，情报部门的监控权力逐渐发展成“不受制约的总统权力”之一。[1]

从根本上来讲，丘奇委员会重申了美国建国之初即奉行的孟德斯鸠在《论法的精神》中的论断，[2] 以及美国为遏制权力的扩张性所遵循的立法权、行政权和司法权相互制约的三权分立原则。

联邦国会采纳了丘奇委员会的建议，为回应丘奇委员会在报告中揭露的情报部门监控权力滥用的问题，于 1978 年制定了《涉外情报监控法》。鉴于情报工作的特殊性，该法创设了专门法院，即涉外情报监控法院，负责审查情报部门的监控申请。[3] 情报部门如果计划监控涉外情报，必须先向涉外情报监控法院申请取得许可令状。该法还建立了涉外情报监控复审法院，负责审查涉外情报监控法院拒绝监控申请的上诉案件。

根据《涉外情报监控法》的规定，涉外情报监控法院最初由联邦最高法院首席大法官从 7 个联邦司法巡回区中挑选并任命 7 名联

[1] Walter F. Mondale，Robert A. Stein & Caitlinrose Fisher，No Longer a Neutral Magistrate: The Foreign Intelligence Surveillance Court in the Wake of the War on Terror，Minnesota Law Review,2016(100):2277.

[2] 孟德斯鸠在其《论法的精神》一书中指出，一切有权力的人都爱滥用权力，防止权力滥用的办法，就是权力约束权力。权力有一种逐渐自我扩张的天性，应通过一定的措施，对其进行有效限制。

[3] 其与一般刑事案件侦查中逮捕、搜查、扣押等强制侦查行为由普通法院负责审查不同，根据《美国法典》第 119 章规定的拥有审批强制侦查行为的司法管辖权的适格法院包括：（1）任何联邦地区法院，包括地区法院中的治安法官，以及对正在调查的犯罪拥有司法管辖权的任何联邦上诉法院；（2）按照州的法律规定，有权签发命令的拥有刑事案件普通管辖权的州法院。

邦地区法院的法官组成，每一名法官的最长任期不得超过 7 年，负责审查情报部门以具体个人为监控目标的事前情报监控申请。为保护美国公民及永久居留者，涉外情报监控法院一般只批准情报部门对“外国势力”或“外国势力代理人”进行监控的申请；如果情报部门的监控涉及美国公民及永久居留者，那么只有当该信息对获取“外国势力”或“外国势力代理人”情报具有必要性时，涉外情报监控法院才能批准申请。[1] 涉外情报监控复审法院由 3 名法官组成，其中 1 人担任首席法官。复审法院的法官由联邦最高法院首席大法官从联邦地区法院或者联邦上诉法院的法官中挑选并任命。每名法官的最长任期不得超过 7 年，任期届满后即使符合条件也不得连任。该法院有权审查涉外情报监控法院的裁决，可以修改或撤销原裁决，也可以裁定强制执行原裁决。

表 1　涉外情报监控法院的法官组成情况：[2]

法官姓名	原所在法院	被任命时间	到期时间
Rosemary M. Collyer（首席法官）	District of Columbia / D.C.	2013 年 3 月 8 日	2020 年 3 月 7 日
James E. Boasberg	District of Columbia / D.C.	2014 年 5 月 19 日	2021 年 5 月 18 日
Rudolph Contreras	District of Columbia / D.C.	2016 年 5 月 19 日	2023 年 5 月 18 日
Anne C. Conway	Middle District of Florida /11th	2016 年 5 月 19 日	2023 年 5 月 18 日
Raymond J. Dearie	Eastern District of New York / 2nd	2012 年 7 月 2 日	2019 年 7 月 1 日
Claire V. Eagan	Northern District of Oklahoma / 10th	2013 年 2 月 13 日	2019 年 5 月 18 日

[1] Foreign Intelligence Surveillance Act of 1978, § 101(e)(1).

[2] http://www.fisc.uscourts.gov/current-membership，2018 年 3 月 1 日访问。

续表

法官姓名	原所在法院	被任命时间	到期时间
James P. Jones	Western District of Virginia /4th	2015 年 5 月 19 日	2022 年 5 月 18 日
Robert B. Kugler	District of New Jersey / 3rd	2017 年 5 月 19 日	2024 年 5 月 18 日
Michael W. Mosman	District of Oregon / 9th	2013 年 5 月 4 日	2020 年 5 月 3 日
Thomas B. Russell	Western District of Kentucky / 6th	2015 年 5 月 19 日	2022 年 5 月 18 日
F. Dennis Saylor IV	District of Massachusetts / 1st	2011 年 5 月 19 日	2018 年 5 月 18 日

表 2 涉外情报监控复审法院的法官组成情况：[1]

法官姓名	原所在法院	被任命时间	到期时间
William C. Bryson（首席法官）	Federal Circuit	2011 年 12 月 1 日 2013 年 9 月 1 日（首席法官）	2018 年 5 月 18 日
Josė A. Cabranes	Second Circuit	2013 年 8 月 9 日	2020 年 5 月 18 日
Richard C. Tallman	Ninth Circuit	2014 年 1 月 27 日	2021 年 1 月 26 日

（二）涉外情报监控法院的发展

1978 年至 2001 年间，涉外情报监控法院一直沿着《涉外情报监控法》设定的轨迹行进。然而，2001 年“9·11”恐怖袭击事件后，美国联邦国会通过一系列立法对《涉外情报监控法》进行修改，涉外情报监控法院也逐步发生改变。

1.《爱国者法案》（USA PATRIOT Act）[2] 对涉外情报监控法院的

[1] http://www.fisc.uscourts.gov/fiscr_membership，2018 年 3 月 1 日访问。

[2] 正式的名称为“Uniting and Strengthening America by Providing Appropriate Tools Required to Intercept and Obstruct Terrorism Act of 2001”，中文意义为“使用适当之手段来阻止或避免恐怖主义以团结并强化美国的法律”，取英文原名的首字缩写成为“USA PATRIOT Act”，而“patriot”也是英语中“爱国者”之意。

影响。2001 年 9 月 11 日发生了轰动世界的恐怖袭击事件，这是发生在美国本土的最为严重的恐怖袭击活动。作为对这次袭击的回应，美国民众迫切支持美国政府打击恐怖主义。美国当局将事件的发生归因于情报部门情报收集的失职，布什总统一方面以反恐为由大幅赋予国家安全局的权力，使其便宜行事，另一方面放宽对情报部门监控的限制，使其不需搜查令状就可以随意进行国际监控。[1] 为防止恐怖袭击的再次发生，联邦国会也采取行动，迅速颁布《爱国者法案》，修改了《涉外情报监控法》的部分规定，削弱了涉外情报监控法院检查和质询情报部门监控申请的能力，扩张了情报部门的监控权力。

《爱国者法案》对涉外情报监控法院的影响主要体现在三个方面：

第一，扩大涉外情报监控法院批准情报部门监控申请的范围。《爱国者法案》颁布前，涉外情报监控法院批准监控申请的范围有限：仅在情报部门有具体证据证明某人是“外国势力”或“外国势力代理人”时，情报部门才能从电信营运人处获取此人的业务记录。[2] 而根据《爱国者法案》的规定，情报部门一旦获得涉外情报监控法院批准，可以获取任何有形物，并不局限于业务记录，获取信息的来源也不限于电信营运人。“某人是外国势力或外国势力代理人”被“与外国势力或外国势力代理人有关”（相关性）取代。[3] 虽然《爱国者法案》保留了个案申请的要求，但情报部门完全可以根据总统授权

---

[1] James Bamford，They Know Much More Than You Think，http://rddjlaw.com/articles/Protect-AmericaAct.pdf.http://www.nybooks.com/articles/2013/08/15/nsa-they-know-much-more-you-think/，2016 年 12 月 20 日访问。

[2] Intelligence Authorization Act for Fiscal Year 1999, § 602.

[3] USA PATRIOT Act, § 501; § 404(c)(2); § 3127.

忽略这一规定，在完全没有涉外情报监控法院的参与下进行大规模电话、网络元数据监控。为了得到涉外情报监控法院的批准，情报部门将大规模电话、网络元数据监控解释到“相关性”中，而涉外情报监控法院接受了情报部门的扩大解释。[1]

第二，修改了涉外情报监控法院对情报部门监控申请的批准标准。情报监控的目的是获取情报。此前，涉外情报监控法院将“目的”解释为“首要目的”，要求情报部门必须证明其监控的首要目的是获取情报。[2]《自由法案》颁布后，涉外情报监控法院对“目的”的解释变成“重要目的”，并允许情报部门之间可以共享情报。[3]

第三，增加法官人数。《爱国者法案》第 208 节将法官人数从 7 名增加到 11 名，并且要求涉外情报监控法院的法官中至少应该有 3 人居住在距离哥伦比亚特区 20 英里的范围以内。

2.《保护美国法》(Protect America Act of 2007) 对涉外情报监控法院的影响。《爱国者法案》使情报部门的监控权得到空前扩张，人们开始思考如何平衡国家安全维护和公民权利保障。对此，2007 年联邦国会通过《保护美国法》，力图在保护美国公民宪法权利的同时，使涉外情报监控法院不会阻碍情报部门针对位于美国境外的目标获取情报。联邦司法部在对《保护美国法》的解释中就指出，情报监控不应仅限定为针对美国人以外的人的监控，《保护美国法》将情报部门无证监控的举证责任从合理理由降低到合理相信通信一方处于

[1] Privacy & Civil Liberties Oversight Board，Report on the Surveillance Program Operated Pursuant to Section 702 of the Foreign Intelligence Surveillance Act，http://www.doc88.com/p-9085240562867.html，2017 年 1 月 2 日访问。

[2] USA PATRIOT Act, § 218.

[3] Walter F. Mondale，Robert A. Stein & Caitlinrose Fisher，No Longer a Neutral Magistrate: The Foreign Intelligence Surveillance Court in the Wake of the War on Terror，Minnesota Law Review,2016(100):2265.

美国境外即可，即使通信来自美国境内的人。[1]

《保护美国法》是旨在修改《涉外情报监控法》的临时规定，[2] 该法对涉外情报监控法院的重要影响是将其向行政部门化方向推进，这表现在：

第一，规定只要符合以下两个条件，即使没有涉外情报监控法院的批准，国家情报局局长和联邦总检察长也可授权收集外国情报长达 1 年：（1）基于已有的信息，国家情报局局长和联邦总检察长通过合理程序确定被监控者位于美国境外；（2）监控的重要目的必须是获取外国情报，并且必须满足法律规定的最低限度程序。[3]

第二，赋予涉外情报监控法院可以要求第三方为情报收集活动提供帮助。《保护美国法》的有效期为法律通过之日起 180 天。虽然该法自时任总统布什签署之日起便是一部充满争议的修正案，有效期届满后，便被新的修正案——2008 年的《涉外情报监控法修正案》取代，但是该法对涉外情报监控法院的影响却是持久的。据此，涉外情报监控法院发挥作用的重心已从事前批准转变为事后审查。[4]

3.《涉外情报监控法修正案》（The FISA Amendments Act of 2008）对涉外情报监控法院的影响。2008 年，电子前沿基金会向第四巡回法院提起诉讼，指控 AT&T 和国家安全局勾结进行电讯监控，

[1] Stephen Ross Johnson, Anne Passino，The Protect America Act: Who Will Protect Us Against the Protectors?，http://rddjlaw.com/articles/ProtectAmericaAct.pdf，2016 年 12 月 20 日访问。

[2] Protect America Act of 2007, § 105B(a).

[3] Allison E. Persinger，Reforming the Foreign Intelligence Surveillance Court to Curb Executive Branch Abuse of Surveillance Techniques，Campbell Law Review, 2015(3):519.

[4] Kate Poorbaugh，Security Protocol: A Procedural Analysis of the Foreign Intelligence Surveillance Courts，University of Illinois Law Review, 2015(3):1363.

侵犯了美国公民的隐私权。但作为对反恐形势日益严峻以及总统权力不断扩张的妥协，联邦国会颁布《涉外情报监控法修正案》，不仅弱化原有的权利保障规定、延长无证监控的期限，还回溯性免诉近 50 个监控案件，使这些案件无法得到有效的司法制衡。[1]

《涉外情报监控法修正案》进一步扩大了涉外情报监控法院对情报部门监控申请批准的范围，即扩大到“任何海外的非美国人”，且只要美国公民不是监控的“目标”，情报部门就可以收集该美国公民的情报。如果不知道某人是否为美国人，那么将假定其是非美国人。国家安全局随后做出解释，称该修正案不仅允许情报部门获取监控目标的通信交互信息，也允许在某些情况下获取监控目标的全部信息，即使是通信发生在两个美国人之间。[2] 另外，该修正案删除了个案申请的规定，通过规定目标确定程序和最低限度程序，确保情报部门大规模监控的申请能够得到涉外情报监控法院的批准。[3] 根据第 702 条规定，监控无须存在具体目标，收集的信息是否属非美国人情报由联邦总检察长和国家情报局局长判定，涉外情报监控法院必须支持情报部门的目标确定程序以及最低限度程序。情报部门监控的重要目的甚至不需是获取情报，只要情报部门认为所收集的情报与国家安全有关，涉外情报监控法院必须允许其开展监控工作。而一旦涉外情报监控法院批准监控申请，其将无法对监控活动中的目标进行司法审查。

简言之，《涉外情报监控法修正案》将涉外情报监控法院的角

[1] Redmond，I Spy with My so Little Eye: A Comparative of Surveillance Law in the United States and New Zealand，Fordham International Law Journal, 2014(37): 733.

[2] Laura K. Donohue，Section 702 and the Collection of International Telephone and Internet Content，Harvard Journal of Law & Public Policy, 2015(38): 158.

[3] Foreign Intelligence Surveillance Act of 1978 Amendments Act of 2008, § 702.

色定位从美国联邦宪法第 3 条联邦法院的规定——联邦法院法官负责审理具体个案或争议中剥离出来。涉外情报监控法院不再批准针对具体目标的情报监控，而是程式化批准大规模监控行为，涉外情报监控法院从具体监控申请的审判者变成大规模监控申请的审批者。[1]

4.《自由法案》(USA Freedom Act)[2] 与涉外情报监控法院。联邦国会通过《爱国者法案》《保护美国法》和《涉外情报监控法修正案》修改了《涉外情报监控法》，使得情报部门可以扩大解释“外国情报”等含糊的法律术语，方便情报部门以国家安全维护为名任意干预公民的宪法自由。同时，这些法案还给《涉外情报监控法》的法律框架注入了模糊而大量的行政权，使得涉外情报监控法院的角色不断行政部门化。总之，美国“反恐战争”[3] 打响后，情报部门即开始行使广泛的监控权，而涉外情报监控法院则尽量避免质疑情报部门在国家安全领域的监控行为。

此外，情报部门的监控行为几乎均是秘密进行的，所有大规模搜查并收集个人信息的监控计划均不为公众所知。这层秘密的“面纱”一直持续到 2013 年的“斯诺登事件”。斯诺登披露了大量有关秘密情报收集计划的信息，其中包括涉外情报监控法院发布的一个意见：涉外情报监控法院根据《爱国者法案》第 215 条命令美国最

[1] Laura K. Donohue，Section 702 and the Collection of International Telephone and Internet Content，Harvard Journal of Law & Public Policy, 2015(38): 158.

[2] 全称为“Uniting and Strengthening America by Fulfilling Rights and Ending Eavesdropping, Dragnet-collection and Online Monitoring Act”。

[3] 美国自 2001 年 9 月 11 日遭受袭击后造出“反恐战争”一词。不过，该词遭到人权组织的强烈批评。他们认为，这个语词被用来为许多行动辩护，例如开设关塔那摩监狱等等。在国际上，批评人士把这个词看作一种“非敌即友”的思维方式，认为它过度依靠军事力量。到奥巴马政府时期，美国官方已不再使用“反恐战争”这一描述。

大的电话通信公司 Verizon 每天向国家安全局提交一次用户电话元数据。人们才发现，自“9·11”恐怖袭击事件后情报部门开展了大规模收集电话、网络元数据计划，尽管该计划最初并未获得司法授权，但最终被涉外情报监控法院以秘密意见的形式批准。“斯诺登事件”引发了人们的激烈讨论，除了批评情报部门收集和存储元数据的庞大数据库外，他们还对涉外情报监控法院的司法监督能力提出质疑：涉外情报监控法院成为情报部门的橡皮图章，美国情报监控回到《涉外情报监控法》之前的状态，以牺牲公民自由为代价维护国家安全。迫于压力，美国联邦国会于 2015 年通过《自由法案》对包括涉外情报监控法院在内的涉外情报监控制度进行改革（对涉外情报监控法院改革的具体内容详见本文第三部分）。

除美国联邦国会立法对涉外情报监控法院的影响之外，涉外情报监控法院依据《涉外情报监控法》第 1803 节（g）和《美国法典》第 28 编第 2071 节关于法院规则制定权的规定制定《涉外情报监控法院诉讼规则》，并于 2006 年 2 月 17 日生效。[1] 该规则主要从涉外情报监控法院履行职责需要特别是从保密的角度对诉讼程序做出一些特殊规定，规则中没有相应规定的事项，参照联邦刑事诉讼规则或者联邦民事诉讼规则适用。该规则主要包括：规则的适用范围、参照适用及修改要求、国家安全信息、法院的组成和法官的职权、律师在本院出庭的授权、书记官办公室、向法院提出申请书的形式和方式、听审、法院命令和相关资料的扣押或销毁等内容。

---

[1] 刘涛：《美国涉外情报监控法及涉外情报监控法院诉讼规则》，北京：中国人民公安大学出版社，2011 年版，第 152—161 页。

二、美国各界对涉外情报监控法院制度的批评

（一）涉外情报监控法院的实施状况

根据《涉外情报监控法》，司法部长对于电子监控、物理性搜 查、安装和使用通信记录器和通信追踪装置以及“215 调查命令”这四种主要的情报收集手段的使用情况要以半年期限为基准向国会参众两院中的情报委员会和司法委员会提交报告，接受其审查和监督。根据使用报告可以了解情报部门申请及涉外情报监控法院审批状况[1]：

表 3　电子监控和物理性搜查（electronic surveillance and physical searches）申请及审批状况

年度	申请（件）	同意（件）	修改（件）	驳回（件）
1979	199	207	0	0
1980	319	322	1	0
1981	431	433	0	0
1982	473	475	0	0
1983	549	549	0	0
1984	635	635	0	0
1985	587	587	0	0
1986	573	573	0	0
1987	512	512	0	0
1988	534	534	0	0
1989	546	546	0	0
1990	595	595	0	0
1991	593	593	0	0

[1] https://www.epic.org/privacy/surveillance/fisa/stats/#footnote5，2018 年 2 月 27 日访问。

续表

年度	申请（件）	同意（件）	修改（件）	驳回（件）
1992	484	484	0	0
1993	509	509	0	0
1994	576	576	0	0
1995	697	697	0	0
1996	839	839	0	0
1997[1]	749	748	0	0
1998	796	796	0	0
1999	886	880	0	0
2000	1005	1012	0	0
2001	932	934	4	0
2002	1228	1228	0	0
2003	1727	1724	79	4
2004	1758	1754	94	0
2005	2074	2072	61	0
2006	2181	2176	73	1
2007	2371	2370	86	4
2008	2082	2083	2	1
2009	1329	1320	14	2
2010	1511	1506	14	0
2011	1676	1789	30	0
2012	1789	1788	40	0
2013	1588	1588	34	0
2014	1379	1379	19	0
2015	1457	1456	80	5
2016	1485	1450	310	34

[1] 有一个案件，法院倾向于同意申请，但情报部门撤回申请。

表 4　通信记录器（Pen Register）申请及审批状况

年月	申请（件）	修改（件）	驳回（件）	目标为美国人
2000 年 7–12	5	0	0	–
2001 年 1–6	2	0	0	–
2001 年 7–12	12	0	0	–
2002 年 1–6	29	0	0	19
2002 年 7–12	42	0	0	24
2003 年 1–6	80	0	0	54
2003 年 7–12	99	–	0	82
2004 年 1–6	119	5	0	58
2004 年 7–12	184	6	0	111
2005 年 1–6	157	2	0	–
2005 年 7–12	161	2	0	–
2006 年 1–6	120	5	0	–
2006 年 7–12	98	18	0	–
2007 年 1–6	117	10	0	50
2007 年 7–12	129	7	0	37
2008 年 1–6	110	4	0	23
2008 年 7–12	58	1	0	27
2009 年 1–6	39	1	0	23
2009 年 7–12	53	0	0	27
2010 年 1–6	78	0	0	30
2010 年 7–12	48	0	0	26
2011 年 1–6	55	0	0	32
2011 年 7–12	53	2	0	–
2012 年 1–6	64	0	0	30
2012 年 7–12	69	0	0	32
2015 年 6–12	40	7	0	–
2016 年 1–12	60	10	0	–

根据上表，情报部门自 1979-2016 年共向涉外情报监控法院提出电子监控和物理性搜查申请 39,654 件，且在 2001 年“9・11”恐怖袭击事件后申请数量大幅增加，但在 2002 年之前，涉外情报监控法院对于情报部门提出的申请批准率为 100%，截止到 2016 年共驳回申请 51 件，驳回率仅为 0.13%。情报部门自 2000 年 7 月至 2012 年 12 月、2015 年 6 月至 2016 年 12 月共向涉外情报监控法院提出安装通信记录器申请 2081 件，批准率为 100%。涉外情报监控法院对情报部门的申请可谓有求必应。[1]

（二）对涉外情报监控法院的批评

虽历经近 40 年的发展，涉外情报监控法院制度仍存在诸多问题，难以发挥制约情报监控权的功能，特别是在“9・11”恐怖袭击事件之后，随着《涉外情报监控法》被不断修改，这些问题日益突出。美国各界，尤其是美国学者、隐私和公民自由的倡导者、政府审查委员会以及涉外情报监控法院前法官，对涉外情报监控法院制度提出批评。“斯诺登事件”后，有关涉外情报监控法院制度存在问题的研究更是层出不穷。总的来说，对涉外情报监控法院的批评主要有以下四个方面：[2]

---

[1] 一般刑事案件令状审批同样存在高批准率问题。以监听的审批为例，根据美国私人电子信息中心的统计，在 1986 年至 1996 年间的 20000 个监听令状的申请中，法官仅拒绝 28 个。在 1996 年至 2006 年 11 年中，有 7 年监听令状批准率达 100%，其余 4 年平均批准率达 99.9%。2008 年—2012 年 5 年间，检察官平均申请案件 2720.4 件，法院核准 2717.6 件，核准率为 99.9%。参见吴常青：《检察侦查权监督制约机制研究》，北京：法律出版社，2017 年版，第 92 页。

[2] 还有学者批评认为，在崇尚三权分立、权力制衡的美国，对外情报监视法院其实根本就无法与政府的行政分支“分立”，二者关系其实还很密切，主要原因在于：一是物理距离小。对外情报监视法院成立后的 30 年中，一直在司法部大楼的六层办公，直到 2009 年才搬离。二是意识形态近。在现任的 11 名法官里，10 人是由保守意识形态倾向明显的联邦最高法院首席大法官约翰・罗伯茨遴选的，而且这些人出任联邦地区法官的提名多来自共和

1. 缺乏对抗性。对该制度最为激烈的批评是其缺乏对抗性。对抗制是普通法系国家所采用的一项法律制度，其历史起源可以追溯到 16 世纪末和 17 世纪初的英国。[1]1776 年美国从英属殖民体系独立后，亦仿其宗主国，实行对抗制审判方式。对抗制审判方式基本特征体现在以下四个方面：一是裁判者必须是中立的、被动的或消极的，而且对案件的解决独立负责；二是裁判所依据的证据和观点都应当由当事人自己主张和提供；三是审判必须集中、不间断地持续进行，而且诉讼程序的设计应强调当事人举证和辩论的对抗性和对立性；四是当事人应当有均等的机会向裁判制作者提出案件事实并为其辩论。[2] 换言之，美国对抗制诉讼的根本观点是诉讼程序由当事人主导和积极推进，法官处于消极中立的立场，通过双方当事人针锋相对的辩论发现案件事实，进而审慎权衡双方当事人的主张并

党总统，其中 5 人为老布什和小布什父子所提名。另外，许多法官与国防和情报部门的高官是校友。所以，这些法官都力挺秘密监控措施。三是合作方式灵活。为解政府燃眉之急，对外情报监视法院的法官可以违反程序，在自家客厅中接待情报机构人员，快速签发命令。曾经供职于对外情报监视法院的法官詹姆斯·罗伯森最近对媒体坦言，这个法院不像法院，倒像一个政府的行政机构。参见徐彤武："秘密监控计划的审批者：美国对外情报监视法院"，载《世界知识》，2013 年第 15 期。

[1] 有学者认为对抗制刑事审判最初是被设计成一种适用于叛国案件且具有特殊目的的程序，它意图均衡此类控诉对被告人构成的特定危险。这一新程序模式的引入，为了那些被指控叛国阴谋的显贵者。对这些人来说，不存在支付律师报酬的困难。只是到了后来，在一些无法预见的情形下，对抗式程序才扩大适用于普通的重罪案件。这种原本为帮助贵族防御那些捏造的叛国罪指控而设计的程序，被转而用来帮助那些被指控偷羊或偷东西的穷人。在 18 世纪 30 年代，法官渐渐放弃辩护律师参与重罪案件的规则。他们开始允许被告人获得律师的帮助，对证人进行询问和反询问，辩护律师是对抗式刑事诉讼的支配者。他们虽然一开始发展缓慢，但是在 18 世纪后期律师的作用越来越明显，并开始支配重罪审判，对抗制的主要特征在严重犯罪案件的审判活动中已经形成。John H. Langbein："对抗制的起源"，邵夏红译，载《研究生法学》，2008 年第 2 期。也有学者认为，对抗制的历史渊源植根于英国古代控告式诉讼制度，中世纪后期最先出现于英国的民事审判中，17 世纪以后陆续扩大到轻罪、叛国罪和重罪刑事审判领域，直到 18 世纪后期才全面确立起来，前后历时数个世纪。参见程汉大："英国对抗制的起源"，载《山东警察学院学报》，2007 年第 1 期。

[2] 汤维建："美国的对抗制审判方式"，载《比较法研究》，1996 年第 4 期。

做出裁判。

情报部门的监控工作有时需要通信服务提供商的协助。相较于法律赋予通信服务提供商可向法院提出申请救济的权利不同，[1]法律并没有赋予被监控者申请救济权。没有一套机制允许涉外情报监控法院听取与情报部门相对抗的被监控者的意见，[2]除了《涉外情报监控法院诉讼规则》15所规定的期限之外，涉外情报监控法院所进行的所有听审，均只有情报部门一方当事人，也即“一造诉讼”（Ex Parte）。涉外情报监控法院的法官无法听取当事人双方的争论，因此就不能对情报部门的观点提出反驳或批判，也没有制度保障涉外情报监控法院能够客观对待情报部门的非法监控。尽管涉外情报监控法院设立之初就面临着审查程序不具有对抗性的质疑，但当时的联邦司法部将宪法第四修正案规定的令状程序与涉外情报监控法院情报监控申请审查程序进行对比，[3]为涉外情报监控法院基于合理根据进行个案评估、并在监控实施前决定是否对特定案件颁发许可令状的程序进行辩护。但批评者普遍认为，当条件发生改变，与之对应的结果自然也要有所改变。涉外情报监控法院发展至今，已偏离了设立之初的制度构想，其已不再审查情报部门针对特定目标的事前申请，而是对情报部门的大规模监控进行一般性批准，法院的审查俨然转变为行政机关内部审批。涉外情报监控法院缺乏对抗性很难保证其能够对情报监控的合理性问题进行公正审查，这降低了法院

[1] 2007年《美国保护法》首次规定通信服务提供商的申请救济权。虽然该法被2008年《涉外情报监控法修正案》取代，但是通信服务提供商的申请救济权规定得以保留。

[2] Conor Clarke，Is the Foreign Intelligence Surveillance Court Reality a Rubber Stamp? Ex Parte Proceedings and the FISC Win Rate，Stanford Law Review Online, 2014(2):125.

[3] Foreign Intelligence Electronic Surveillance: Hearings on H.R. 5794, H.R. 9745, H.R. 7308, and H.R. 5632 Before the Subcomm. on Legis. of the H. Permanent Select Comm. on Intelligence, 95th Cong. 27-28 (1978).

裁决、命令或意见的可信度。

此外，对缺乏对抗性的批评还体现在上诉审查监督功能的丧失。由于人类认识具有局限性，当法院面对新争议、新问题时并不一定能一次性圆满解决。上诉制度重要功能之一是通过上诉法院审查下级法院的推理过程、裁判结果，纠正下级法院的错误裁判，下级法院的司法活动受到监督，从而更完满地解决纠纷。[1] 根据《涉外情报监控法》，情报部门有权针对涉外情报监控法院拒绝批准监控的申请向涉外情报监控复审法院提起上诉。由于缺乏对抗性，涉外情报监控复审法院往往更容易改变涉外情报监控法院的裁判。为避免情报部门上诉以及随之而来的涉外情报复审法院推翻原裁判，涉外情报监控法院一般都会批准监控申请。这不仅导致涉外情报监控法院对监控申请有求必应，也使涉外情报监控复审法院失去其作为上诉法院的监督作用。

2. 秘密性。鉴于涉及国家安全情报信息的敏感性，一直以来，涉外情报监控法院具有极强的秘密色彩。然而，公开是正义的灵魂，没有公开就没有正义。正如英国著名法官 G. 休厄特所言："正义不仅应当得到实现，而且要以人们看得见的方式得到实现。"因此，司法公开被认为司法公正的重要因素。司法公开是指在当事人、其他诉讼参与人和社会公众的知悉下，以非秘密的方式进行司法过程的一切活动。司法公开对公众监督法院至关重要，一旦司法不公开，做出最终裁决的司法活动就得不到审查，法官所作裁决如果得不到公众的监督和批评，那么将很难令人信服。通过司法公开，有利于加强对司法权的监督制约，保障司法公正。此外，司法公开也有助

[1] Salve Regina College v. Russell, 499 U.S. 225, 232 (1991).

于公民监督政府行为，因为只有在充分了解政府的作为和不作为之后，公民才有可能更加信任他们的政府。

司法公开包括过程公开和结果公开。针对涉外情报监控法院秘密性的批评也主要从这两个方面展开：

第一，涉外情报监控法院审查程序的秘密性。法院审判程序公开可以使整个司法程序更完整，程序正义也将得到更好地保障。世界上大部分国家和地区的司法程序均以公开为原则，不公开为例外，美国亦是如此。而涉外情报监控法院的审查程序是以不公开为原则，以公开为例外的。正如涉外情报监控法院的法官指出的那样，“其他法院的运行以公开为原则，以秘密为例外；而涉外情报监控法院的运行以秘密为原则,以公开为例外。”[1] 一般仅有少数情报部门官员才能进入到涉外情报监控法院的监控申请审查程序；律师介入必须获得法官的许可，且律师必须拥有良好的忠诚调查记录和声誉。[2]

第二，法院裁决、命令或意见的秘密性。裁判结果公开是司法公开应有之义。通过公开裁判结果，使法院得到公众的监督和批评，可以有效避免不明确的、错误的裁判出现。“斯诺登事件”之前，涉外情报监控法院裁决、命令或意见都是不公开的，美国公众既不知道涉外情报监控法院是如何解释宪法和法律的，也不知道情报部门根据《涉外情报监控法》规定实施了何种监控计划。其主要原因在于，情报部门在将监控申请文件提交给涉外情报监控法院之前就已将大多数文件分为机密或最高机密，在这种分门别类下，法院裁决、

[1] Andrew Nolan & Richard M.Thompson Ⅱ，Reform of the Foreign Intelligence Surveillance Courts: Procedural and Operational Changes，Congressional Research Service, 2014(8): 3.

[2] 刘涛：《美国涉外情报监控法及涉外情报监控法院诉讼规则》，北京：中国人民公安大学出版社 2011 年版，第 154 页。

命令和意见也进行了类似的分类。[1] 换句话说，涉外情报监控法院的裁决、命令或意见公开与否的决定权掌握在情报部门手中，情报部门可以选择解密部分或全部裁决、命令或意见。

3. 法官选任制度不合理。2006 年生效的《涉外情报监控法院诉讼规则》规定涉外情报监控法院由联邦最高法院首席大法官从至少 7 个联邦地区法院中选出的 11 名法官组成，任期最长 7 年，不得连续任职。11 名法官中的一名法官需在华盛顿当值一周，负责审查情报部门的监控申请。[2]

作为联邦法院的涉外情报监控法院其法官的任命和任期不符合美国联邦宪法第三条有关联邦法院的规定招致更为广泛的质疑：

第一，法官的任命。联邦宪法第三条规定联邦法院法官由总统负责提名人选，由参议院负责批准任职，从而将联邦法院法官的提名权和批准权相分离，避免权力绝对集中。与之不同的是，涉外情报监控法院法官却由联邦最高法院首席大法官独自选任。这不仅违背权力分立原则，而且因党派性极易导致法官任命的党派分配失衡。例如，有批评者就指出，以现有制度任命的涉外情报监控法院法官在党派分配上数量不均衡，民主党任命的法官远远少于共和党任命的法官，[3] 当面对诸如隐私问题、公民自由问题和国家安全主张等时，民主党和共和党常常会有截然不同的观点。共和党任命的法官在审查情报部门监控申请时更倾向于批准申请，

---

[1] Jared P. Cole，Andrew Nolan. Reform of the Foreign Intelligence Surveillance Courts: A Brief Overview，Congressional Research Service, 2014(3):2.

[2] Conor Clarke，Is the Foreign Intelligence Surveillance Court Really a Rubber Stamp? Ex Parte Proceedings and the FISC Win Rate，Stanford Law Review Online, 2014(2):125.

[3] 目前在涉外情报监控法院任职的法官中，只有 3 名由民主党任命。事实上，从 2004 年至 2014 年的十年间，在涉外情报监控法院和涉外情报监控复审法院任职的 20 名法官也呈如此比例。

并不进行有意义的实质性监督，这导致涉外情报监控法院对监控申请的批准率超过 99%。[1]

第二，法官任期问题。联邦宪法第三条规定联邦法院法官的任期是终身制。其法理在于，法官是根据制定法和判例进行裁判的，掌握这些裁判依据需经长期学习和积累。法官永久任职有利于法官习得、积累司法技艺，从而保证司法系统的稳定和司法判决的正直、公止。此外，法官永久任职还是增强法官、司法部门独立性的最佳办法，在很大程度上是维护社会正义和公共安全的坚强柱石。[2] 因审查对象的特殊性，涉外情报监控法院法官任职期间学习的专业知识、积累的工作经验相较于其他法院法官更具独特性，其更应该采终身制。然而，涉外情报监控法院法官任期最长为 7 年，且不得连续任职。短期任职的规定使法官处于不断的更新换代中，不利于确保涉外情报监控法院及其法官的独立性，更无法保证涉外情报监控法院法官具备公正法庭所必需的品质——坚定不移地忠于宪法的权力和人权。

4. 缺乏必要信息和知识。涉外情报监控法院缺乏做出裁判的必要信息和知识亦是一个广受关注的问题：

第一，缺乏有关情报部门监控行为的信息。除作为裁判依据的制定法和判例外，法官还必须知悉足够的案件事实，才能更好地平衡各方利益、发挥其作为裁判者的作用。监控申请中的案件事实是

---

[1] 1979 年至 2012 年间，情报部门共向涉外情报监控法院提交了 3 万多份秘密监控或秘密搜查的申请，其中仅有 11 份被涉外情报监控法院的法官否决，通过率达 99.97%！据此，许多人将涉外情报监控法院戏称为“纸老虎”。见 Laura K. Donohue，Bulk Metadata Collection: Statutory and Constitutional Considerations，Harvard Journal Law & Public Policy, 2014(3):834.

[2] [美] 亚历山大·汉密尔顿，詹姆斯·麦迪逊，约翰·杰伊:《联邦党人文集》，杨颖明、张尧然译，北京：中国青年出版社，2014 年版，第 416 页。

有关情报部门监控行为的信息，因此涉外情报监控法院法官需要及时准确地了解情报部门正在进行的监控行为。但事实上，情报部门经常不合理地延迟提交监控申请，有时甚至延迟长达数年。尽管法律规定涉外情报监控法院可以要求情报部门提供更多信息，但对涉外情报监控法院来说要求情报部门提供法院“盲区”中的未知信息是不现实的。此外，涉外情报监控法院对案件事实的信息来源主要是情报部门向其提交的监控申请，而情报部门提交的监控申请中的笼统描述与实际操作中的监控行为往往出入较大。正如一位涉外情报监控法院前法官指出的那样，即使情报部门事先提交了监控申请，涉外情报监控法院也不能确定其提供的信息是正确的。[1]

第二，缺乏与情报部门所使用监控技术有关的专业知识。与其他案件不同，涉外情报监控法院审查监控行为必然涉及情报部门所使用的监控技术。这些技术涉及最先进的尖端科技，具有高度专业的技术性知识体系，且处于不断发展的过程中。事实上，即使是情报部门中实施监控的工作人员，也没有人能完全了解其所使用监控技术。与情报部门的工作人员不同，监控技术作为涉外情报监控法院审查对象的一部分，法官必须对这些监控技术有充分了解。此外，为抵制情报部门监控，美国社会出现了许多阻止情报部门访问特定数据库的防火墙，涉外情报监控法院的法官也需要关注由此带来的监督契机及其局限性，这同样也要求法官要有能够评估这些复杂技术的专业知识。而涉外情报监控法院法官在审查监控申请时显然缺乏与情报部门所使用监控技术有关的专业知识，这使得法官很难对监控行为合理与否做出正确的判断。

---

[1] Emily Berman, The Two Faces of the Foreign Intelligence Surveillance Court, Social Science Electronic Publishing, 2015(7):44.

三、《自由法案》对涉外情报监控法院制度的改革及回应

作为对“斯诺登事件”及公众对涉外情报监控法院批评的回应，2015 年美国联邦国会制定《自由法案》对包括涉外情报监控法院在内的情报监控制度进行改革。尽管该法案力图为美国人提供更多的隐私和自由保护，但仍存在诸多缺陷，进一步改革的呼声不断。

（一）引入法庭之友制度

法庭之友起源于罗马法，公元 9 世纪引入英国法律，后来逐渐扩展到大多数普通法系国家。随后，法庭之友制度被引入国际法，尤其是有关人权方面的法律。自此，一些民法法系国家也开始引入法庭之友制度。顾名思义，法庭之友是法庭的朋友（friend of the court），是指通过提供有关案件的信息来协助法庭的人。但法庭之友不是案件一方当事人，也不是案件当事人委托之人。[1] 法庭之友所提供的信息是否采纳，由法庭自行决定。在美国 1923 年的 Green V. Biddle 案件中，联邦最高法院首次通过判例的方式确认了法庭之友制度。[2]

《自由法案》试图在涉外情报监控法院中增加对抗性，鼓励法官任命法庭之友参与到审查程序中。根据《自由法案》第 401 条的规定，

---

[1]《新牛津英语词典》将“法庭之友”解释为“于特殊案件中，为法院提供中立建议之人”。《布莱克法律词典》解释“法庭之友”是指“非诉讼当事人，因为诉讼的主要事实涉及重大利益，得请求法院或受法院的请求于诉讼过程中提出书面意见者”。《元照英美法词典》将“法庭之友”解释为“对案件中的疑难问题陈述意见并善意提醒法院注意某些法律问题的临时法律顾问；协助法庭解决问题的人”。

[2] 该案涉及的是肯塔基洲与联邦政府的一起土地所有权的争议问题，联邦下级法院坚持认为联邦政府拥有对该土地的所有权，没有采纳诉讼外第三人——州政府的意见，而径行判决。因此，肯塔基州政府指示州检察总长以法庭只有的身份，向联邦最高法院申请重新审理。联邦下级法院遵照最高法院的指令重新审理此案时，州检察总长以法庭之友的身份代表州政府参与法庭审理，陈述了州拥有该片土地所有权的理由。参见张泽涛：“美国‘法院之友’制度研究”，载《中国法学》，2004 年第 1 期。

除非法院裁定任命法庭之友不当，否则应当任命一名法庭之友协助法院审查监控申请，负责在法院的意见中提出新颖的或重要的法律解释；向法院提供促进个人隐私和公民自由保护的法律建议、与情报收集或通信技术有关的信息或者其他任何相关的建议或信息。法院还可以任命法庭之友代表与案件结果有利害关系的个人或组织提交意见。在上诉审时，法庭之友有权决定是否参与上诉。[1]

学界普遍认为，尽管引入法庭之友的确使审查程序产生了一定的对抗性，却非对症下药，仍存在以下两个问题：

第一，权力来源问题。对抗性的本质是当事人在诉讼程序中的主导性，其有权决定何时进入诉讼，以及以何种方式反对对方当事人的主张。而法庭之友的权力来源是法院而非一方当事人，其参与与否由涉外情报法院决定，当法官认为任命法庭之友不适当时，可以拒绝任命。这在一位法官意见中有所体现，该意见指出，当法律争议相对简单或结论合理唯一时，法院无须任命法庭之友。[2]

第二，角色定位问题。法庭之友毕竟不是作为诉讼当事人存在的，与案件不具有利害关系，也不承担相应的法律后果，因此，法庭之友参与审查程序不必提出与情报部门针锋相对的观点，它只需提供“有利于个人隐私和公民自由保护的法律观点，与监控技术有关的信息，其他与监控申请有关的法律观点或信息”。这与对抗制诉讼控辩平等对抗的基本特征不符。

鉴于法庭之友制度仅给涉外情报监控法院程序提供了表面对抗，因而增加对抗性仍是涉外情报监控法院进一步改革的重点。学界的

---

[1] FREEDOM Act.§ 401.

[2] Docket Nos.BR.In Re Applications of the FBI for Orders Requiring the Production of Tangible Things，http://www.fisc.uscourts.gov/sites/default/files/BR%2015-77%2015-78%20Memo-randum%20Opinion.pdf，2016 年 12 月 20 日访问。

改革建议主要有：

第一，在监控申请审查程序中引入公益辩护律师。公益辩护律师是普通公众自由和隐私权益的代表，他们有权通过辩论保护公民自由和隐私，有权要求获得任何其诉讼所必需的文件或材料，有权提起上诉、申请公开命令和意见。就具体制度设置问题，有学者提议在司法部设立特别辩护律师办公室，由联邦最高法院首席大法官从隐私和公民自由监督委员会提供的候选人名单中选任辩护律师作为情报部门的对抗方参与诉讼；[1] 也有学者提议设立新的独立行政内部机构，将公益辩护律师设置其中。

第二，通过立法在审查程序中完全引入对抗制。即将被监控者引入到监控申请审查程序中，由利益对立的诉讼当事人双方据理力争以确保情报部门的监控行为得到法官相对彻底、中立的审查。[2]

（二）公开部分法院裁决、命令或意见

《自由法案》未回应涉外情报监控法院审查程序的秘密性问题，只回应了涉外情报监控法院裁决、命令或意见的秘密性问题。根据《自由法案》第 602 条规定，国家情报局长和联邦总检察长应对涉外情报监控法院和涉外情报监控复审法院发布的裁决、命令或意见逐一进行审查，并在最大程度上向公众公开。[3] 此外，这些裁决、命令或意见也要以一定方式迅速向国会公开。[4]

涉外情报监控法院审查监控申请实质上是在安全价值与自由价

[1] Steven I. Vladeck，The Case for a FISA "Special Advocate"，Social Science Electronic Publishing, 2015(7):66.

[2] Emily Berman，The Two Faces of the Foreign Intelligence Surveillance Court，Social Science Electronic Publishing,2015(7):44.

[3] FREEDOM Act, § 602(a).

[4] FREEDOM Act, § 604.

值之间权衡，将这种权衡置于公众和国会监督之下的改革路径是值得肯定的，但仍存在两个问题：

第一，公开决定权归属问题。《自由法案》将公开法院裁决、命令或意见的绝大部分权力赋予了行政官员，涉外情报监控法院只能在“可行的程度内”公开裁决、命令或意见。信息公开与情报收集之间张力，使得情报实务部门更倾向于减少信息公开以提高情报收集的效率。因此，由行政官员决定裁决、命令或意见是否公开的规定违背了“任何人不得成为是自己案件的法官”的自然公正原则。

第二，公开内容的范围问题。“斯诺登事件”之后，涉外情报监控法院迫于公众压力解密部分裁决、命令或意见。《自由法案》则使其上升为法律，将公开内容的范围局限于涉外情报监控法院和涉外情报监控复审法院发布的裁决、命令或意见，但公众仅根据这些裁决、命令或意见并不能知晓情报部门实施了哪些监控行为，法院仍在秘密解释宪法和法律。[1]

对此，有学者主张，只有当政府的运作充分公之于众时，权力滥用的可能性才能被减小到最低。因此，涉外情报监控法院不能再继续秘密解释宪法和法律，凡具有法律约束力的宪法和法律分析必须予以公开。此外，公开的内容范围不能局限于涉外情报监控法院和涉外情报监控复审法院的裁决、命令或意见，在有些情况下需要公开更多文件，例如，情报部门向法院提交的监控申请或者法院审查监控申请的诉讼记录。[2]

[1] Alan Butler，Standing Up to Clapper: How to Increase Transparency and Oversight of FISA Surveillance，New England Law Review,2013(4)：867.

[2] Margo Schlanger，Infiltrate the NSA, ATLANTIC (Dec.30, 2014)，http://www.theatlantic.com/politics/archive/2014/12/civil-libertarians-need-to-infiltrate-the-nsa/383932，2016 年 12 月 20 日访问。

（三）回避改革法官选任制度

对于学界诟病的涉外情报监控法院法官选任制度存在的问题，《自由法案》选择了回避。对此学界主要存在两种观点：

第一，反对《自由法案》的做法。极力主张改革涉外情报监控法院法官选任制度，包括重新分配法官任命权和修改法官任期。关于任命权，有的学者建议涉外情报监控法院法官的任命应遵循以下规则：由联邦最高法院首席大法官任命 3 名，众议院议长任命 2 名，参议院少数党领袖任命四名，众议院少数党领袖任命两名。[1] 有的学者建议，联邦最高法院首席大法官以外其他法官亦有权从其管辖的巡回法院中选任 1 或 2 名法官。[2] 最为彻底的改革建议是法官的任命应符合宪法第 3 条规定，由总统提名并需经参议院同意。[3] 持改革意见的学者认为，由于涉外情报监控法院法官们的专业背景或政治立场，以目前任命程序就职的法官更倾向于批准情报部门的监控申请，而不作批判性评估，如此之高的批准率虽然或许并不代表涉外情报监控法院偏袒情报部门，但是法官的角色毕竟是裁判者，现有涉外情报监控法院法官任命权由首席大法官独揽，显然违背了提名权和批准权分离以达到参议院和总统权力相制约的制度设计，从而背离宪法精神。

关于法官任期，有学者指出，涉外情报监控法院法官短期任职违背了法官终身制，法院及其法官的独立性堪忧，因此应取消涉外情报监控法院法官的任期限制，使其符合美国宪法规定。此外，这

[1] FISA Court Accountability Act, H.R.2586, 113th Cong.(2013).

[2] The FISA Judicial Selection Reform Act, S.1460, 113th Cong.(2013).

[3] Presidential Appointment and Senate Confirmation of FISA Court Judges Act, H.R.2761, 113th Cong.(2013).

对增加涉外情报监控法院的技术专业知识大有裨益，法官终身制使得相关知识、经验得以积累，有助于法官将其毕生精力集中在涉外情报监控法院的工作中。

第二，赞同《自由法案》的做法。认为应在不改革涉外情报监控法院法官选任制度的基础上，改良法官制度。根据美国法典第 28 章第 291-296 条的规定，联邦最高法院首席大法官有权指定联邦法官到其他法院临时任职。联邦最高法院首席大法官数次在诉讼中援引该规定，委任较低级别的联邦法官在多个特别法庭（例如国际贸易法庭，临时紧急上诉法庭等）任职。由于涉外情报监控法院法官的临时任命可能被撤销，反而使其不太可能屈服于政治压力。[1]

另外，高批准率并不一定反映出涉外情报监控法院偏向或屈从于情报部门。[2] 涉外情报监控法院高批准率的原因有以下两点：首先，负责起草监控申请的情报部门工作人员会使提交给涉外情报监控法院的申请符合涉外情报监控法院的批准标准。[3] 绝大多数申请得以批准并不意味着情报部门的监控行为通过了涉外情报监控法院法官的审查，而是监控申请符合批准要件，涉外情报监控法院必须基于申请予以批准。其次，所谓高批准率的数据本身并不准确。情报部门向涉外情报监控法院的值班法官提出监控申请，但鉴于涉外情报监控法院法官的实际工作流程是，首先由法务助理向值班法官提供每个监控申请的书面分析，值班法官基于此分析做出初步决定，然后，

[1] Kate Poorbaugh，Security Protocol: A Procedural Analysis of the Foreign Intelligence Surveillance Courts，University of Illinois Law Review, 2015(3):1393.

[2] Emily Berman，The Two Faces of the Foreign Intelligence Surveillance Court，Social Science Electronic Publishing, 2015(7):44.

[3] Oren Bar-Gill & Barry Friedman，Taking Warrants Seriously，Northwestern University Law Review. 2012(4):1609.

律师将此初步决定递交给情报部门，情报部门对该初步决定予以回应后，值班法官才会发布最终的正式裁决。这为情报部门提交的申请得以批准提供更多的机会。[1]

综上，持改良意见的学者认为应继续维持目前的法官选任制度，但需对涉外情报监控法院法官制度进行改良。一方面，涉外情报监控法院法官经常与情报部门沟通，只有在法官决定需要补充信息时才举行听证会，这极易导致决策专断。因此，涉外情报监控法院每周不能只有一名“值班”法官负责审查情报部门的监控申请，应由至少三名法官同时参与审查申请程序。多名法官制有助于决策的公正性，也使得每个法官都将获得更多的经验。另一方面，当面对新颖或复杂问题时可能需要法官进行较长时间的审查，值班法官审查周期不宜确定为一周，而应延长到几周，使每位法官在处理申请和确定何时应该批准申请方面有更多的经验，进而促进决策的连续性。[2]

（四）增加法院的专业技术知识

《自由法案》通过引入法庭之友制度和技术专家制度以解决涉外情报监控法院法官专业技术知识缺乏的问题。前者已在上文阐述，不再赘述。后者是由《自由法案》第 402 条规定的，即涉外情报监控法院在其认为适当的情况下可以任命个人或者组织向其提供专业技术知识。[3] 然而，与法庭之友的制度设置一样，涉外情报监控法院可以不适当为由拒绝任命技术专家，因而，并不是所有的监控申请都有技术专家的参与，这极易导致引入技术专家的相关规定流于形

---

[1] Conor Clarke，Is the Foreign Intelligence Surveillance Court Reality a Rubber Stamp? Ex Parte Proceedings and the FISC Win Rate，Stanford Law Review Online, 2014(2):125.

[2] Allison E. Persinger，Reforming the Foreign Intelligence Surveillance Court to Curb Executive Branch Abuse of Surveillance Techniques，Campbell Law Review, 2015(3):543.

[3] FREEDOM Act, § 402.

式。因此，有学者甚至主张，应通过立法使技术专家能够参与到每一个申请的审查过程中，以便增加涉外情报监控法院的专业技术知识。

然而，《自由法案》并未解决涉外情报监控法院缺乏相关信息的问题，可仅仅依靠现有的规定和制度不足以确保涉外情报监控法院拥有其所需的有关情报部门监控行为的信息。对此，有学者认为，下一步改革仍需加速信息向涉外情报监控法院流动。涉外情报监控法院缺乏情报部门监控信息将不利于其他改革措施的顺利进行，因为只有掌握了所有有关事实，涉外情报监控法院才能够有效运作；并主张进行情报部门监控行为信息共享机制改革。信息共享机制改革一方面要求情报部门必须及时、准确地将监控行为信息及衍生信息告知涉外情报监控法院，并定期向涉外情报监控法院提交有关告知情况的报告。另一方面，应赋予涉外情报监控法院要求情报部门提供与监控申请有关信息的权力，提高涉外情报监控法院获取信息的能力；并通过国会立法授予涉外情报监控法院对情报部门延期告知或提交错误信息的行为进行惩罚性制裁的权力。[1]

在严峻的反恐形势下，任何国家都不能置身事外，为维护国家安全、保护其公民免受恐怖主义威胁，国家采取强有力的情报监控在所难免。然而，对国家而言，一个同等重要的义务是保障公民的宪法权利。因此，如何规制情报部门情报监控以平衡国家安全维护和公民权利保障，是世界各国和地区亟待解决的问题。以制约情报部门监控权、保护公民宪法权利为目的而建构的涉外情报监控法院制度，因其存在诸多问题难以发挥功能而广受批评。2015 年美国联邦国会颁布的《自由法案》虽力图通过改革解决涉外情报监控法院

[1] William C. Banks，Programmatic Surveillance and FISA: Of Needles in Haystacks，Texas Law Review, 2010(7):1639.

存在的问题，但其结果仍不尽人意，进一步改革的呼声不断。美国涉外情报监控法院制度的经验及教训对各国相关制度的改革有所裨益。一方面，应正视情报监控对公民基本权利的干预性，应引入司法审查机制，通过法院的事前审查、事后救济对情报监控权进行必要的控制。另一方面，应警醒的是，法院对情报监控权进行司法审查控权功能的实现有赖于一系列制度的支撑，否则将沦为行政机关的橡皮图章。

第三章　德国联邦情报局通信战略性监控规制

随着 2013 年“斯诺登事件”持续发酵，德国联邦情报局被爆出大肆监控本国公民和欧盟机构的丑闻，引发轩然大波。在国际社会，曾被认为是监控“受害者”的德国迅速反转成为监控的“作案者”。迫于政治压力，德国联邦议会于 2016 年 12 月修改《联邦情报局法》加强对联邦情报局境外通信战略性监控的规制，进一步提升了德国情报监控法治化水平。不过，德国各界对于通信战略性监控制度仍存在着激烈的争论。众所周知，德国被视为当今世界民主法治国家的典范，其情报监控法制一直是其他国家和地区立法的重要参照，因而，对德国联邦情报局通信战略性监控立法的历史发展及其经验、教训进行探究，对于各国相关制度的改革与完善有着重要的借鉴意义。

第一节　通信战略性监控制度的历史发展

通信战略性监控是指德国联邦情报局利用技术手段大规模截取

不特定对象的跨境或境外通信的活动。因此类监控最初服务于军事目的，即及早发现影响国家安全的因素，防止战争的发生，以维护国防安全，所以被称为“战略性”监控。[1] 德国情报法制经过 50 多年的发展，逐步形成两种类型的通信战略性监控制度：一是“外国与德国通信战略性监控”（以下简称为跨境通信战略性监控），其监控对象为“国际通信关系”，即目的地为德国或从德国发出的跨境通信；二是“外国与外国通信战略性监控”（以下简称为境外通信战略性监控），其受《联邦情报局法》规制，监控对象为所有通信参与者均在德国境外的通信。

一、跨境通信战略性监控制度的历史发展

德国情报部门的历史可追溯至 1740 年。鉴于情报对战争胜负的关键性作用，第一次世界大战期间德国情报部门就将通信技术应用于情报收集，发明了无线电收发报机和电话窃听装置，建立了无线电截听站和密码分析所。第二次世界大战期间，德国情报部门迅速发展，由原来的几个增加到 20 多个，分属于武装部队、政府各部、纳粹党和私营部门。[2] 二战后，德国重建情报机构。1947 年，在美国中央情报局的指令和资助下成立一个情报组织，人称“盖伦组织”，收集关于苏联及其盟国在中、东欧所有有益的情报，后由德国政府接管，并于 1956 年改名为“联邦情报局”。然而，由于人们普遍认为，联邦情报局的通信监控活动并不干涉任何基本权利，且绝大部分在

[1] European Union Agency for Fundamental Rights，Surveillance by intelligence services：fundamental rights safeguards and remedies in the EU Volume I: Member States’ legal frameworks，https://fra.europa.eu/en/publication/2015/surveillance-intelligence-services，2018 年 12 月 21 日访问。

[2] 孙春玲：《德国的安全情报机构》，载《国际资料信息》，2002 年第 21 期。

德国境外进行，不受德国基本法调整，直到 20 世纪 60 年代末，联邦情报局通信监控活动仍没有相关法律进行规范，仅由内部管控。

规制跨境通信战略性监控的 G10 法是在德国为脱离二战战败国地位的过程中诞生的。[1] 1945 年 5 月，德国投降，苏、美、英、法四国军队随后分区占领德国。之后，德意志联邦共和国（西德）虽于 1949 年 9 月 21 日宣告成立，但因占领法规的存在，其政府仅获得有限度的主权。西德从被占领国向完全主权国家过渡的过程使得有必要赋予国家安全机关足够的权力以确保西德和占领体制结束后仍驻扎的三国武装部队的安全。虽然，1953 年签订并于 1955 年生效的《三国与西德关系条约》结束了盟军在西德的占领状态，但三国仍享有保护其在西德武装部队的某些特权，包括限制信件、邮政和通信隐私的权力。为此，西德从 1954 年 12 月起积极推动制定包括 G10 法在内的紧急宪法相关法律。1968 年 6 月 24 日西德联邦议会通过了关于处理紧急状态和国防的宪法改革使西德获得新的主权地位。作为改革的一部分，西德基本法第 10 条新增第 2 款，为针对情报部门通信监控的立法铺平了道路。在此基础上，西德联邦议会于 1968 年 8 月 13 日通过 G10 法，授权联邦情报局等情报部门在严格的法律界限内采取干预基本法第 10 条的监控措施：

第一，个案通信监控。即该法第 3 条规定的允许对个人通信进行有针对性的监视，以防止或追诉某些严重刑事犯罪；

第二，针对不特定对象的跨境通信战略性监控。即该法第 5 条授权的联邦情报局对国际通信关系进行监控，以便识别或打击该法所列举的威胁。

[1] 周治平:《情报机关通信监察权之研究——德国法之启示》，载《警大法学论集》，2008 年第 10 期。

因跨境通信战略性监控针对不特定对象而非个案嫌疑目标，其合宪性一直存在争议。在 G10 法实施过程中，德国联邦宪法法院在两个重要的判决中奠定了此类监控的合宪性地位。在 1984 年 G10 法判决中联邦宪法法院指出，为保障“发现对德国武力攻击威胁”这一国家法益而实施限制基本权利的通信战略性监控是适当、必要且符合狭义比例原则的。在 1999 年 G10 法判决中联邦宪法法院则从干预权力措施的特定性、规范的明确性及比例原则，对跨境通信战略性监控的合宪性做出更为详尽的论述，这些规范性要素在 2001 年被立法者引入修改后的 G10 法。之后，其合宪性已是共识。

二、境外通信战略性监控制度的历史发展

与对跨境通信进行监控不同，对境外通信的监控与一国地理位置和通信基础设施关系密切。由于德国独特的地理位置，世界上一些大的互联网交换点（internet exchange points）设置在德国，使其成为世界大部分互联网流量的中心枢纽。长期以来，德国正是利用这一独特的优势，对德国境外通信进行大规模的监控。[1] 不过，一直以来，联邦情报局实施境外通信战略性监控并没有明确的法律授权，直到 1990 年 12 月颁布的《联邦情报局法》第 1 条才对联邦情报局的这一权限做出原则性规定，即联邦情报局“应收集和分析对获得与德国外交和国防政策相关的重要外国情报所需的信息”，并且“可以收集、处理和使用包括个人数据在内的所有必要的信息”。实践中，境外通信战略性监控几乎占到联邦情报局信号情报监控活动的

[1] Asaf Lubin，A New Era of Mass Surveillance is Emerging Across Europe，https://perma.cc/N7HK-CTH2，2018 年 12 月 11 日访问。

90%。[1] 由于此类监控针对的是德国境外的外国通信，不属于 G10 法调整的范畴，因此，不受 G10 委员会的监督，仅受议会控制小组的监督。

因境外通信战略性监控缺乏严格的控制，所以改革呼声不断。特别是在“斯诺登事件”后，德国联邦议会于 2014 年 3 月成立专门调查委员会以调查联邦情报局与“五眼联盟”国家在德国大规模通信监控活动的关联。结果显示：此类监控命令的决定权掌控在行政部门内部的少数人手中，且缺乏任何形式的独立监督；尽管此类监控由公共财政支出，但从未对其有效性进行过独立评估；政府部门也未为监控所获取的数据提供足够的保护。据报道，德国总理默克尔 2013 年得知其手机遭到美国国家安全局窃听时，曾怒斥“监控朋友完全不能接受”，不过德国一家电台 2015 年 11 月 11 日称，联邦情报局也曾窃听多个盟国机构及个人，包括美国联邦调查局、美国之音、法国外长法比尤斯、海牙国际法院，甚至连德国公司及驻外官员也不放过。[2] 2016 年 7 月，议会控制小组也公开表示，联邦情报局甚至对欧盟和北约的伙伴国实施监控。两个月后，一份泄露的机密报告显示，联邦数据保护和信息自由专员抱怨联邦情报局严重、系统地违反德国基本法和法律。[3] 长期以来，德国情报监控极高的法治化程度一直为德国各界引以为傲，也是世界各国相关立法的重要参照系。专门调查委员会调查的结果及不断曝光的信息，使得德国

[1] Thorsten Wetzling, Germany’s intelligence reform: More surveillance, modest restraints and inefficient controls, https://www.researchgate.net/publication/318393882_Germany’s_intelligence_reform_More_surveillance_modest_restraints_and_inefficient_controls，2018 年 10 月 11 日访问。

[2]《德媒：德国联邦情报局曾窃听多个盟国机构及个人》，http://world.huanqiu.com/exclusive/2015-11/7963787.html，2019 年 1 月 11 日访问。

[3] Andre Meister, Secret Report: German Federal Intelligence Service BND Violates Laws and Constitution by the Dozen, https://netzpolitik.org/2016/secret-report-german-federal-intelligenceservice-bnd-violates-laws-by-the-dozen/，2019 年 1 月 15 日访问。

情报监控法制本身问题化了，进而使德国国内舆论关注的焦点从美国国家安全局转移到德国联邦情报局。

基于此种背景，2016 年 12 月 30 日德国联邦议会对《联邦情报局法》进行了修改，新法对联邦情报局在德国境内针对通过电信网络传输的境外通信实施战略性监控的授权、执行、所获取信息的转移及其监督进行了规定（联邦情报局在德国境外的情报监控活动依据仍是《联邦情报局法》第 1 条）。该法进一步明确，境外通信战略性监控不能收集德国公民、国内法人或在德国居住的外国人的通信信息。如果附带的收集了上述通信信息必须立即清除，除非根据 G10 法单独获得授权。

第二节　通信战略性监控制度的基本内容

因两类通信战略性监控所针对的对象以及是否干预基本权利存在差异，G10 法和《联邦情报局法》为其设置了不同的实体要件和程序要件，不过后者控权密度明显低于前者：

一、通信战略性监控发动的门槛

对跨境通信战略性监控而言，G10 法第 5 条第 1 款规定，依联邦情报局的申请，为收集通信信息，可命令为 G10 法第 1 条国际通信关系的监控措施。该监控措施仅在为及时发现下列安全威胁，且为防止此类威胁而有收集相关情报的必要时，才能为之。这些威胁包括：（1）对德国的武力袭击；（2）与德国相关的国际恐怖袭击；

（3）军事武器管制法所指的国际武器扩散，以及重要的商品、计算机处理程序和高科技技术的非法对外交易；（4）与德国相关的有组织的将毒品贩入欧盟国家；（5）通过伪造货币干扰欧元区的货币稳定；（6）国际有组织的洗钱活动；（7）与德国相关的有组织地将外国人偷运到欧盟国家；（8）某些与德国有关的网络攻击活动。而根据《联邦情报局法》第 6 条第 1 款规定，只要通信信息对于识别、反击针对德国国内或国外的安全威胁、确保德国具有采取行动的能力，或者获得与德国外交和安全政策相关的其他情报是必要的，联邦情报局就可以采取境外通信战略性监控收集德国境外非德国人的通信，而不要求存在具体的威胁。

二、通信战略性监控的申请、命令及审查

G10 法第 9 条第 2 款规定，联邦宪法保护局、各邦宪法保护局、军事反情报局和联邦情报局在自身业务范围内，其部门负责人或其代理人有申请监控措施的权限。根据德国情报机关职责分工，联邦情报局负责涉外情报的收集与评估。据此，联邦情报局有权申请跨境通信战略性监控。申请应采取书面形式，必须包括监控命令所必备事项且附具理由。根据 G10 法第 10 条规定，联邦情报局将申请提交由联邦总理委任的管辖机关——联邦内政部，由其独立评估申请的适合性、必要性及比例性，并签发监控命令。监控命令应采取书面形式，必须明示命令的根据、执行机关、进行搜寻的关键词（如圣战、盖达、炸弹、恐怖活动等）、通信的传输方式（如电子邮件、传真、语音通信、短信等）及收集的范围（不能超过通信传输线路全部传输容量的 20%）和期限。例如，2012 年联邦情报局针对国际恐怖袭击和军火走私威胁分别列出 2229 个和 24775 个搜索关键词，

以 1804 种和 849497 种传输方式进行监控。从情报角度来看，只有 137 个和 107 个拦截是相关的。2013 年分别列出 1643 个和 23400 个搜索关键词，以 906 种和 14411 种传输方式进行监控，从情报角度来看，只有 73 个和 32 个拦截是相关的。2015 年联邦情报局针对国际恐怖袭击列出 1762 个搜索关键词，以 1132 种传输方式进行监控，只有 41 个拦截从情报角度来看是相关的。[1]G10 法第 10 条第 5 款规定，命令的期限最长不得超过 3 个月；如果命令发动的条件仍持续存在，可申请延长，每次延长期限亦不得超过 3 个月。一般情况下，联邦内政部应在监控实施前将命令提交 G10 委员会进行合法性和必要性审查；当存在迟延即损害监控目的的例外情形，情报部门可先执行监控命令，后提交 G10 委员会进行审查。

表 5　2012、2013、2015 年两类威胁跨境通信战略性监控情况

威胁类型	2012 年		2013 年		2015 年	
国际恐怖袭击	搜索关键词	2229	搜索关键词	1643	搜索关键词	1762
	通信传输方式	1804	通信传输方式	906	通信传输方式	1132
	电子邮件	595	电子邮件	1	–	–
	传真	290	传真	20	–	–
	电报	9	电报	11	–	–
	语音通信	58	语音通信	175	–	–
	元数据链接	816	元数据链接	639	–	–
	手机短信	36	手机短信	60	–	–
	相关拦截	137	相关拦截	73	相关拦截	41
军火走私	搜索关键词	24775	搜索关键词	23400	–	–
	通信传输方式	849497	通信传输方式	14411	–	–
	相关拦截	107	相关拦截	32	–	–

[1] European Union Agency for Fundamental Rights，Surveillance by intelligence services: fundamental rights safeguards and remedies in the EU Volume II: field perspectives and legal update，https://fra.europa.eu/en/publication/2017/surveillance-intelligence-socio-lega，2018 年 12 月 21 日访问。

对境外通信战略性监控而言，根据《联邦情报局法》第 9 条第 4、5 款的规定，联邦情报局将申请提交联邦总理。随后，政府部门做出监控命令，并提交给独立委员会进行合法性和必要性审查，由其决定是否接受（确认或否决）这些命令。与跨境通信战略性监控不同，境外通信战略性监控命令一般不用列明搜索关键词，亦不需要载明监控通信的传输方式及监控的比例。此外，根据《联邦情报局法》第 6 条第 1 款的规定，境外通信战略性监控命令的期限最长不得超过 9 个月；如果命令发动的条件仍持续存在，可申请延长，每次延长期限亦不得超过 9 个月。

三、对受监控措施影响之人的通知

通知受监控措施影响之人的目的在于告知其通信被监控，若其认为权利遭受不当干预，可据此寻求救济。根据 G10 法第 12 条规定，一般而言，联邦情报局应在跨境战略性监控停止执行后通知受监控措施影响的人。然而，如果通知受监控措施影响之人不能排除监控措的目的会受到损害，或将对国家利益产生负面影响，可不予通知。不通知受监控措施影响之人满 12 个月后，G10 委员会必须就是否通知受监控措施影响之人做出决定。但联邦情报局实施的境外通信战略性监控，被监控对象不仅不享有德国基本法第 10 条所保护的基本权利，而且居住在德国境外，即使通知也可能存在着障碍。因此，《联邦情报局法》第 6 条第 1 款规定，联邦情报局一般没有通知受监控措施影响之人的义务。仅在境外通信战略性监控违反《联邦情报局法》第 6 条第 4 款规定，意外收集到德国公民、国内法人或在德国的外国人数据时，才有通知的义务。

四、监控所收集数据的保护

联邦情报局实施跨境通信战略性监控所收集的数据受到 G10 法严格的保护。根据 G10 法第 6 条规定，联邦情报局对所收集的数据，应立即审查其是否符合 G10 法第 5 条第 1 款规范目的的必要性，并在其后的 6 个月内进行持续性审查。如果某些数据不符合 G10 法第 5 条第 1 款规范目的，且也没有传递给其他机关的必要，应立即销毁，并制作销毁记录。剩余数据必须予以标识，即使数据被传递给其他机关，标识也应维持。监控所收集数据只有在符合 G10 法第 5 条、第 7 条规范目的时方得利用。然而，因立法者对境外通信战略性监控不会干涉德国基本法第 10 条所保护基本权利的认知，《联邦情报局法》虽如同 G10 法于第 11 条规定了保护私人生活核心领域的一般性条款，但其对监控所收集数据的保护要比 G10 法低得多。

五、对通信战略性监控的控制

为落实德国基本法第 10 条第 2 款规定的由联邦议会监督替代法官制约机制，G10 法在联邦议会监督委员会下设 G10 委员会，以弥补秘密通信自由权遭受侵害时司法救济的不足。根据 G10 法第 15 条的规定，G10 委员会由 4 名正委员和 4 名有发言权、质询权的副委员组成，主席须具有法官资格，委员经联邦政府听证后，由联邦议会监督委员会任命，其独立行使职权，不服从于任何指示。委员会每月至少召开一次会议。G10 委员会是跨境通信战略性监控最主要的监督机关，其有权事先对跨境通信战略性监控进行合法性和合目的性监督。一般情况，只有经过 G10 委员会批准，方能执行监控措施；如果认为监控措施的合法性及目的性欠缺，权责机关不得执行。

对已经执行的监控措施，委员会认为其不可接受或不必要时，联邦内政部长应立即停止。紧急情况下，可先行执行监控措施，但若 G10 委员会不同意或者认为不必要时，应立即取消。由于对于通信秘密的侵害无法事后撤销，最多只能限制损害结果的扩大，是以预防性保护体制是重要的，因此程序法上的保障机制确实有其重要意义。[1]

而《联邦情报局法》并非授权 G10 委员会而是设立独立委员会对境外通信战略性监控活动进行控制。独立委员会由 6 人组成，主席和一名成员须为联邦法院的法官，还要包括 1 名该法院管辖区的联邦检察官，其成员由联邦政府任命。该委员会至少每 3 个月召开一次会议，任务是审查监控命令是否应当签发及是否必要。如果其决定监控命令不应签发或是不必要的，监控活动应立即终止。独立委员会的权限和审查程序与 G10 委员会极为类似，但《联邦情报局法》没有明确授予独立委员会对个人数据的处理和使用行使控制权。G10 委员会和独立委员会的另一个区别在于后者的成员由联邦政府任命，而前者由联邦议会监督委员会任命。因此，有学者认为，鉴于传统上德国议会在控制情报部门方面发挥着重要作用，这种制度安排似乎有些奇怪。[2]

第三节　通信战略性监控制度的争论

为回应“斯诺登事件”的影响，德国联邦议会将境外通信战略

[1] 周治平:《情报机关通信监察权之研究——德国法之启示》，载《警大法学论集》，2008 年第 10 期。

[2] Christian Schaller，Strategic Surveillance and Extraterritorial Basic Rights Protection: German Intelligence Law After Snowden，German Law Journal，2018（4）：958.

性监控纳入法制轨道，提升了德国情报监控法治化水平，然而，德国各界对于联邦情报局通信战略性监控制度仍存在着激烈的争论，其焦点主要集中在以下两个方面：

一、基于被监控人国籍和所在位置区分立法的争论

第一，基于被监控人国籍和所在位置区分的立法是否合宪。现代主权国家基于属人和属地管辖在情报监控法中以被监控人国籍和所在位置设置不同的实体条件和程序条件是通行做法。从美国到俄罗斯，从德国到英国，从加拿大到澳大利亚，这些国家的国内立法似乎建立了两个独立的法律制度，一个适用于本国公民和境内的人，另一个适用于境外的外国人。[1] 在德国，早在 1968 年即通过 G10 法规制联邦情报局跨境通信战略性监控行为，其立法基点在于维护基本法第 10 条所保障的德国公民或在德国境内居民的基本权利。而联邦情报局针对德国境外通信战略性监控行为长期以来处于无法可依或原则性规范状态。2016 年修改的《联邦情报局法》虽将在德国境内收集境外外国人通信活动进行详密的规制，但其权力控制密度相较于跨境通信战略性监控明显要低。

因《公民权利和政治权利国际公约》第 17 条、第 26 条的规定，隐私权被阐释为任何人的人权，在本质上是普遍的，因此，基于被监控人国籍和所在位置区分的情报监控立法在国际社会广受质疑。在德国，此种立法的合宪性问题亦存在着争论。《联邦情报局法》修改之前，宪法专家就一致认为，德国联邦情报局收集境外通信数据

[1] Marko Milanovic，Human Rights Treaties and Foreign Surveillance: Privacy in the Digital Age，Harvard International Law Journal，2015（1）：81-89.

的做法侵犯了基本法第 10 条所保障的秘密通信自由权。此项权利不仅保护德国公民，而且保护每一个人。通信参与者的国籍和居住地不是基本权利保护范围的决定性标准，更具决定性的因素是，德国政府部门每时每刻都受基本法规定的约束。[1] 2014 年 6 月，人权学者 Douwe Korff 在其向德国联邦议会调查委员会提交的专家意见中指出，禁止歧视原则是国际人权法领域重要法律的绝对基础。任何违反这一原则的法律或实践都必须对明显区别对待的必要性进行最严格的评估。仅凭被监控人是“外国人”或者被截获的通信发生在别国领土之上的事实不足以成为做出此种区分的理由。换言之，那些包含这些区别对待的法律必须从根本上做出修改。这必须在德国以及被指控建立了全球监控系统的国家进行。[2] 不过，学者在此问题上的观点和意见并未实质影响德国的法律修改。2016 年 8 月，联合国人权委员会隐私权问题专员 Joseph Cannataci 针对德国《联邦情报局法》草案批评指出：区分国民和非国民的法律其真正价值是什么？特别是，根据《公民权利和政治权利国际公约》第 17 条，每个人都享有隐私权，不论国籍或公民身份如何。因此，必须去质问这些规定的有效性和适当性何在，更不用说其合法性了。《联邦情报局法》草案继续在德国公民和非德国公民之间做出区分使其丧失了一个宝贵的机会以澄清隐私权及相关保障适用于每个人，无论其国籍、公

[1] Thorsten Wetzling，Germany's intelligence reform: More surveillance, modest restraints and inefficient controls，https://www.researchgate.net/publication/318393882_Germany's_intelligence_reform_More_surveillance_modest_restraints_and_inefficient_controls，2018 年 10 月 11 日访问。

[2] Expert Opinion：prepared for the committee of inquiry of the Bundestag into the “5EYES” global surveillance systems revealed by Edward Snowden，https://perma.cc/ZWC4-XU77，2019 年 3 月 5 日访问。

民身份或所在地，或监控发生在德国境内还是境外。[1]这种质疑在《联邦情报局法》颁布之后也不曾间断。有学者批评指出，德国情报法对涉及境外外国人通信监控的规定比涉及德国公民或在德国境内外国人通信监控的规定要宽松得多。这种区别是对基本法第 10 条“人和领土”范围狭义解释的结果，不过很难与德国基本法相协调。因此，重要的是强调联邦情报局应受基本法第 10 条约束，无论其监控活动是否影响德国公民、德国境内的外国人还是在德国境外的外国人。如果认真要对待基本权利保护，G10 法和《联邦情报局法》均应进行相应的修改。一个更可行的替代方案是建立统一的国际通信关系战略性监控制度。[2]

第二，基于被监控人国籍和所在位置区分立法的实践难题。基于被监控人国籍和所在位置区分的立法是建立在能够将国内通信与国外通信分开以及确定每个通信参与人的国籍和位置在技术上是可行的假设基础之上的，而这种假设在分组交换时代是不切实际的。在线路交换时代，通信是通过线路直接传输，由操作人员或交换机通过线路切换的方式连接，通信参与人之间的整个通信都是通过一条固定的线路进行的。因此，确定某些电缆专门用于两个国家或地区之间的通信是完全可能的。然而，在分组交换时代，通信被分成数个较小的数据包（含一段通信内容及元数据）。这些数据包可通过任何可行的路径到达目的地，距离并非决定性因素，在到达接收者的电话或计算机时数据包才会结合在一起。这就意味着即使在同一

[1] Asaf Lubin，“We Only Spy on Foreigners”：The Myth of a Universal Right to Privacy and the Practice of Foreign Mass Surveillance，Chicago Journal of International Law，2018（2）：516.

[2] Christian Schaller，Strategic Surveillance and Extraterritorial Basic Rights Protection: German Intelligence Law After Snowden，German Law Journal，2018（4）：958.

城市中的两个人之间的通信也可能会在到达接受者之前在世界各地传输。[1] 在这种情形下，区分纯粹的国内通信传输线路和国际通信传输线路几乎是不可能的。不仅如此，鉴于网络结构的复杂性以及数据包传输的高度动态性因素，也很难判断数据包在两个路由器之间的哪条线路上传输。正如有学者批评以领土作为区分标准的情报监控立法时所指出的，以领土边界作为区分标准立法的一个重要障碍是数据的非领土性。在全球范围内，相同的通信设备、软件和网络同样为敌友所使用。在更广泛的意义上，技术无法区分我们。任意一个电子邮件地址或IP地址并不足以确定一个特定目标的确切位置，无论它是在一个国家的领土或管辖范围之内或之外。[2]

基于上述技术背景，德国联邦情报局是否真正能够以必要的、可靠性技术手段将国内通信、跨境通信和境外通信区分开是值得怀疑的。联邦情报局通常以与国家代码关联的电话号码、电子邮件地址、国家代码顶级域名等技术参数以及标明联邦情报局已知的使用通信基础设施的法人、个人的目录来识别和过滤通信。然而，这些识别过滤系统的结果并非在所有情况下都是可靠的。识别特定的电话号码、电子邮件地址或被截获的通信是否与德国公司、欧盟机构或欧盟成员国的权威机构相联系相对比较容易，但判断通信参与者个人是德国公民还是外国人会相当困难。例如，使用美国电子邮件地址是否足以证明位于阿富汗的参与者实际上是美国公民？如果美国公民使用阿富汗号码的手机呢？即使是经验丰富的情报分析人员也可

[1] Privacy International，How Bulk Interception Works，https://perma.cc/3YFU-HEEM，2018 年 12 月 5 日访问。

[2] Asaf Lubin，“We Only Spy on Foreigners”：The Myth of a Universal Right to Privacy and the Practice of Foreign Mass Surveillance，Chicago Journal of International Law，2018（2）：516.

能无法识别通信参与者的国籍。[1]

二、G10 委员会和独立委员会监督通信战略性监控实效的争论

在德国情报监控法中，G10 委员会和独立委员会是通信战略性监控最主要的监督制度设置，但其监督实效却受到不少质疑。

就 G10 委员会而言，有学者指出，由于存在严重的制度缺陷，使得 G10 委员会无法正确履行其重要的民主控制功能。[2] 还有学者认为，G10 委员会对于监控命令审查的实际影响是“扫除一切影响满足情报部门的需求”。[3] 综观相关研究，影响 G10 委员会监督实效的主要原因在于：

第一，G10 委员会非司法机关，其对监控申请的审查并非司法审查。虽然 G10 委员会委员通常是训练有素的法律专家，且显然履行的是司法职能，通常情况下如同法官对侦查机关强制处分进行事先审查一样，情报部门的命令要接受 G10 委员会的事先审查，委员也拥有不接受任何指示的独立性和自治性，但 G10 委员会并非司法机关，而是由议会任命的辅助机构，委员任期与联邦议会议员相同，其审查程序不具有公开性、对抗性等典型司法程序的特征。

第二，情报监控申请数量大，G10 委员会审查时间不足。根

[1] Christian Schaller，Strategic Surveillance and Extraterritorial Basic Rights Protection: German Intelligence Law After Snowden，German Law Journal，2018（4）：958.

[2] Thorsten Wetzling，Germany’s intelligence reform: More surveillance, modest restraints and inefficient controls，https://www.researchgate.net/publication/318393882_Germany’s_intelligence_reform_More_surveillance_modest_restraints_and_inefficient_controls，2018 年 10 月 11 日访问。

[3] Zachary K. Goldman, Samuel J., Rascoff. Global intelligence oversight: governing security in the twenty-first century，Oxford University Press，2016：270.

据联邦议会控制小组 2013 年度报告，G10 委员会共审查情报部门 25526 件监控申请（包括个案监控和战略性监控），平均每个月度会期审查监控申请数量高达 2137 件（当然，一个命令可能包含多个申请）。而 G10 委员会月度会期一般持续 4 至 5 个小时，平均每个申请审查时间不足 5 分钟。

第三，G10 委员会工作人员配置不足。虽然 G10 法规定给予 G10 委员会必要的人力和专家资源，但在 G10 委员会看来其工作人员是严重不足的。G10 委员会月度会期参与人员通常在 20 至 30 人（包括 8 名委员会成员），但委员会的工作人员仅有 4 人。2015 年 G10 委员会的预算为 182000 欧元，除去 66000 欧元委员会成员的交通费外，剩余 116000 欧元甚至不足以雇佣 4 名全职工作人员。[1] 第四，G10 委员会成员缺乏与监控相关的技术知识。虽然 G10 委员会成员均是有着丰富经验的法律专家，但是其缺乏审查的情报活动所涉及的复杂技术（比如联邦情报局的过滤技术）的理解能力，也缺乏协助其确认情报部门所述监控技术精确性的技术专家。

2016 年《联邦情报局法》不是将监督境外通信战略性监控的权力赋予 G10 委员会，而是另起炉灶创设独立委员会，即便如此其也面临着与对 G10 委员会诸多类似的质疑：

第一，尽管独立委员会由专业的法律专家组成，并且与位于卡尔斯鲁厄的联邦最高法院临近，但它既不具有独立性，也并非法院。委员不仅由联邦政府任命，而且须包括一名该法院管辖区的联邦检察官。此种潜在的利益冲突是有问题的。因此，独立委员会可以被认为是一个行政机构。

---

[1] Zachary K. Goldman, Samuel J., Rascoff. Global intelligence oversight: governing security in the twenty-first century，Oxford University Press，2016：270.

第二,《联邦情报局法》虽创设了独立委员会，但该法对其实际的监督权几乎没有涉及。相比之下，G10 委员会不仅能够对监控措施进行授权，而且有权对与监控措施有关的所有个人数据的收集、后续处理和使用进行审查。为此，G10 法规定，G10 委员会有权查阅所有文件、保存的数据和数据管理程序（与监控措施一起使用)，访问联邦情报局用于通信情报监控的任何场所。然而,《联邦情报局法》对于独立委员会的监督范围、监督权的保障等内容均未涉及。因此,有学者认为,独立委员会显然并不打算进行任何深入的监督。[1]

第三，与跨境通信战略性监控不同，境外通信战略性监控命令一般不用列明搜索关键词，亦不需要载明监控通信的传输方式及监控的比例，这意味着独立委员会无法根据搜索关键词来评估监控措施的合法性和必要性，其审查结果的可信度难免令人质疑。就 G10 委员会和独立委员会监督通信战略性监控的现况，有学者就认为，情报监控缺乏事前司法审查是德国情报监控立法的一个巨大缺陷。[2]

本章着重研究了德国联邦情报局通信战略性监控的历史发展、基本内容和主要争论，不难发现，尽管各界对于通信战略性监控制度仍存在激烈的争论，但该制度设计的体系化、系统化程度充分反映了德国立法者的严谨和逻辑的周延，以及情报监控法治化的高水准。在我国，跨界或境外通信的情报战略性地位毋庸置疑，但缺乏通信战略性监控的明确授权和程序性规范,仅笼统、原则性的见于《国

[1] Thorsten Wetzling，Germany's intelligence reform: More surveillance, modest restraints and inefficient controls，https://www.researchgate.net/publication/318393882_Germany's_intelligence_reform_More_surveillance_modest_restraints_and_inefficient_controls，2018 年 10 月 11 日访问。

[2] Russell A. Miller，Privacy and Power：A transatlantic dialogue in the shadows of the NSA-affair，Cambridge University Press，2017：431.

家情报法》第 8 条、第 10 条、第 11 条和第 15 条。由于目前各国不具有德国作为世界互联网流量中心枢纽的独特地位，尚无构建境外通信战略性监控制度的急迫性，不过，为提升国家安全法治化水平，有必要借鉴德国成熟的立法经验，从通信战略性监控发动的门槛、申请、命令及审查、对受监控措施影响之人的通知、监控所收集数据的保护和对通信战略性监控的监督制约等方面系统构建跨境通信战略性监控制度。

第四章　加拿大通信安全局通信元数据监控规制

2013年6月爱德华·斯诺登向媒体披露美国国家安全局大规模搜集、存储互联网和电话用户通信元数据的秘密监控项目的细节，引发社会和主流媒体的强烈反响。"斯诺登事件"的涟漪波及紧邻美国的加拿大，该国媒体、学术界纷纷猜测：与美国国家安全局功能相同且为紧密联盟关系的加拿大通信安全局（Communications Security Establishment）是否存在类似的通信元数据搜集项目？该项目搜集的通信元数据是否牵涉加拿大人？[1]新闻记者很快就发现了有关通信安全局搜集加拿大人元数据的线索。[2]2014年初，斯诺登所披露的一份文件显示，通信安全局涉及获取在加拿大机场访问Wi-Fi网络用户的元数据。[3]随着相关信息的进一步曝光，加拿大通信安全局通信元数据搜集项目逐渐浮出水面，并引起社会各界广

[1] 加拿大人指的是在加拿大的每一个人，包括加拿大公民和在加拿大境内的人。《加拿大权利和自由宪章》所保护的对象为"在加拿大的每一个人"（everyone in Canada）。

[2] Colin Freeze，How Canada's shadowy metadata-gathering program went awry，http://www.theg-lobeandmail.com/news/national/how-canadas-shadowy-metadata-gathering-program-went-awry/article12580225/?page=all#dashboard/follows/，2018年2月7日访问。

[3] Greg Weston, Glenn Greenwald, Ryan Gallagher，CSEC used airport Wi-Fi to track Canadian travellers: Edward Snowden documents，http://www.cbc.ca/news2/pdf/airports_redacted.pdf, 2018年2月10日访问。

泛关注和争论。本章拟对加拿大通信安全局通信元数据搜集制度的内容、实践发展及其争议进行研究，以对各国相关制度的改革提供参考。

第一节 加拿大通信安全局通信元数据监控制度的基本内容

一、通信元数据监控的主体

加拿大情报机构始建于其独立后的 20 世纪 20 年代。[1] 目前，加拿大负责情报搜集的机构主要包括外交贸易与发展部、武装力量与国防部、国家安全情报局、皇家骑警及通信安全局。[2] 这五家机构负责为加拿大搜集信号情报及部分人力情报，供决策、维护国家安全以及军事行动所用。其中，通信安全局是加拿大最主要的信号情报搜集部门，是由美国、英国、澳大利亚、加拿大和新西兰情报机构组成“五眼”联盟的重要组成部分。通信安全局的历史可追溯至 1941 年加拿大国家调查委员会调查处，其任务是拦截、破译在汉堡的德国指挥机构和情报部门以及日本军事部门的秘密电报。鉴于电报情报的战略地位，1945 年加拿大将国家调查委员会调查处更名为国家调查委员会通信处。1975 年国家调查委员会通信处划归国防部，并根据国防部长签署的密令组建通信安全局。设立之后的 20 多年里，

[1] 张殿清:《情报与反情报》，北京：世界知识出版社，1997 年版，第 411 页。
[2] 王权：“揭秘加拿大五大情报机构”，载《中国国防报》，2015 年 4 月 14 日。

通信安全局一直在没有立法授权的情况下秘密运作（其依据的是枢密院办公室、总理发布的命令和内部政策），它的存在直至2001年加拿大《反恐怖主义法》明确规定其任务才被披露。[1]通信安全局的历史虽不长，但已被实践证明是加拿大政府及其盟友的宝贵财富。

通信安全局是加拿大最主要的信号情报搜集部门，其主要职责是“以复杂、秘密的拦截技术搜集地面监测、微波、无线电、互联网、卫星通信以及其他电磁发射技术产生的电子通信”，即信号情报。通信元数据是与通信的识别、描述、管理或路由相关联的信息，包括但不限于电话号码、通话时长、位置、cookie、IP地址等信息。只要使用通信设备和服务（如手机、互联网浏览和短信）就会自动生成通信元数据。通信元数据属于信号情报，因而搜集通信元数据自然是通信安全局的职责。

二、通信元数据搜集的类型及授权

通信安全局通信元数据搜集活动主要由加拿大《国防法》规范。作为对“9.11”恐怖袭击事件的回应，2001年12月24日加拿大国会对《国防法》进行修改，给予通信安全局情报搜集的明确授权。根据修改后《国防法》第273.64条规定，通信安全局的任务是：（a）根据加拿大政府情报优先事项，从全球信息基础设施获取并使用信息，以提供外国情报；（b）提供咨询、指导和服务，帮助确保对加拿大政府十分重要的电子信息和信息基础设施得到保护；（c）为联邦执法机构和国家安全机构履行其合法职责提供技术支持

[1] Del Pino, Alan，The Representation of the Canadian Government’s Warrantless Domestic Collection of Metadata in the Canadian Print News Media，https://ir.lib.uwo.ca/etd/50387，2018年2月10日访问。

和业务协助。据此，通信安全局通信元数据搜集的类型及其授权如下：

第一，根据“任务 a”的通信元数据搜集。根据《国防法》的规定，通信安全局首要任务是搜集“外国情报”，即涉及国际事务、国防或国家安全的关于外国国家、组织、恐怖主义集团或个人的能力、意图或活动的信息或情报。根据“任务 a”，通信安全局情报搜集的目标是关于外国国家、组织、恐怖主义集团或个人的情报，而非加拿大人。因而，《国防法》没有规定任何关于此项任务授权的具体规则。正如《国防法》第 273.64 条（2）所明示的，通信安全局的外国情报搜集活动“不针对加拿大任何人”。然而，随着通信技术飞速发展，人们工作、生活高度依赖手机、电脑等设备，并产生海量数据信息。在此背景下，即使是“外国情报”也难免包含加拿大人的信息。基于此，《国防法》第 273.65 条（1）规定：国防部长可仅为获取外国情报的目的，书面授权通信安全局拦截某种活动或某类活动有关的私人通信。同时，国防部长只有在确信符合以下情形方可根据第（1）款签发授权书：（a）拦截是针对位于加拿大境外的外国实体；（b）无法通过其他方式合理地获得拟获取的情报信息；（c）拦截所获得的外国情报的预期价值能够证明拦截的正当性；（d）采取了令人满意的措施保护加拿大人的隐私，并确保只有在对国际事务、国防或国家安全至关重要的情况下才使用或留存该私人通信。

第二，根据“任务 c”的通信元数据搜集。根据《国防法》第 273.64 条（1）（c）的规定，基于其他国家安全机构或刑事侦查部门的请求，通信安全局可凭借其技术、设备、人员的优势为这些机构搜集通信元数据。与通信安全局主要职责是搜集、提供外国情报不同，其他国家安全机构和刑事侦查部门的职责范围决定着通信安全局协助通信元数据搜集活动通常会涉及加拿大人的通信，因此，只有当被协助的机构拥有拦截的合法权利（如行政授权或法官事前授权）时，此种协助通信元数据搜集活动才具有合法性。

表 6　通信元数据搜集的类型及授权

任务类别	搜集情形	授权要求
“任务 a”	不涉及加拿大人私人通信	无须授权
“任务 a”	涉及加拿大人私人通信	国防部长授权
“任务 c”	协助国家安全机构	行政授权
“任务 c”	协助联邦执法机构	司法授权

三、通信元数据监控的监督

到 1996 年，加拿大政府任命通信安全局专员以审查通信安全局情报搜集活动是否符合法律要求并提交报告。目前，通信安全局专员的任命、职责、年度报告等是由《国防法》第 273.63 条规定的：

第一，通信安全局专员的任命。内阁总理可委任一名编外法官或高等法院的退休法官出任通信安全局专员，任期不超过 5 年。

第二，通信安全局专员的职责。通信安全局专员履行如下职责：（1）审查通信安全局情报搜集活动，以确保其遵守法律；（2）针对投诉，进行其认为必要的任何调查；（3）将其认为可能不符合法律规定的任何通信安全局的活动通知国防部长和司法部长。

第三，提交报告。通信安全局专员应在每个财政年度结束后 90 日内向国防部长提交年度报告，说明专员的活动和调查结果，国防部长应在收到报告后的 15 天内向议会各院提交报告副本。此外，通信安全局专员还可以针对专门事项提交报告。

第四，调查权。根据加拿大《调查法》第二部分规定，通信安全局专员在履行其职责期间有权进入其认为有必要的任何公共办公室或机构，查阅属于该办公室或机构的所有文件、凭证、记录和各种书籍，传唤任何人并要求其提供口头或书面证据等。

第五，聘请顾问和助理。为适当履行职责，通信安全局专员可聘请其认为所需的法律顾问、技术顾问和助理。

第二节　加拿大通信安全局通信元数据搜集的实践状况

在加拿大，通信安全局成立之初即开始元数据搜集的实践。根据通信安全局网页“元数据和我们的任务”栏目的介绍：70 年来，元数据对于我们成功完成任务至关重要。通信安全局从全球信息基础设施获取和使用信息，元数据能够帮助我们充分了解恐怖组织、网络恐怖活动者或者敌对情报机构等如何运用网络和通信系统。不过，类似于美国国家安全局“棱镜计划”的大规模元数据搜集项目，则始于“9·11”恐怖袭击事件之后。然而由于情报活动的秘密性，通信元数据搜集项目一直不为人所知，不过，毫无疑问，该机构正致力于搜集通信元数据，就像与它对应的美国国家安全局一样。[1] 加拿大通信安全局通信元数据搜集实践状况可从通信安全局专员报告及新闻媒体根据加拿大《信息公开法》向相关部门申请公开的信息获知。虽然公开的信息因保密的要求经过相关部门编辑，不过足以窥探通信元数据搜集的实践状况及争论。

首先可从通信安全局专员年度报告检视通信元数据搜集活动的

[1] Stephane Couture，Catherine Pappas，Surveillance and metadata collection in Canada，http://www.giswatch.org/en/country-report/communications-surveillance/canada，2018 年 3 月 5 日访问。

概况。从公开网站可下载 1999—2017 年通信安全局专员 18 份年度报告，在年度报告中搜索“Metadata”可发现，“斯诺登事件”前，“Metadata”一词仅在 2006—2007 年度报告中提及过 1 次。通信安全专员在“正在进行的审查 / 今后的报告”部分写道：我会在下一个财政年度进行报告目前正在审查的内容，包括通信安全局与反恐有关的活动、通信元数据的使用、对国家安全情报局的技术协助和保护加拿大人隐私的状况。[1] 而在“斯诺登事件”后，年度报告中“Metadata”一词高频率出现：2013—2014 年度 40 次、2014—2015 年度 73 次、2015—2016 年度 46 次、2016—2017 年度 33 次。足见“斯诺登事件”后，社会各界及通信安全局专员对通信元数据搜集活动的关注度。

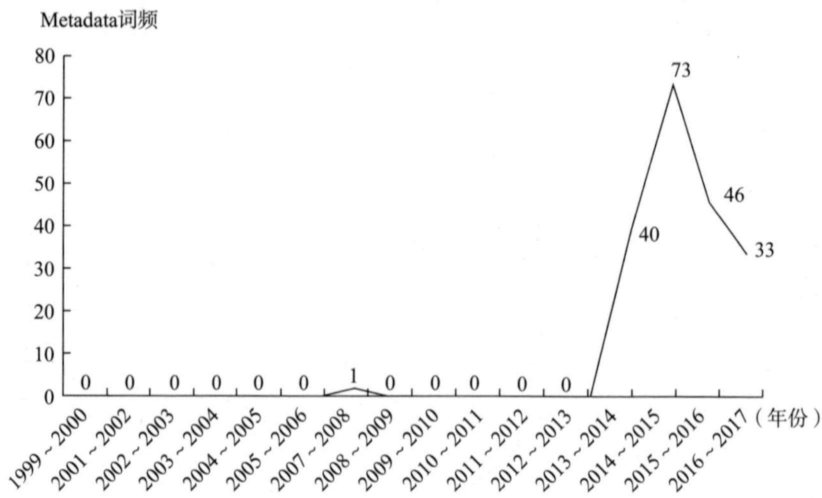

图 通信安全局专员年度报告中“Metadata”词频

通信安全局通信元数据搜集项目始于 2004 年 3 月 14 日。当日

[1] Annual report 2006-2007 of Communications Security Establishment Commissioner，www.ocsec-bccst.gc.ca，2018 年 3 月 8 日访问。

国防部长根据《国防法》赋予他的权力向通信安全局签发“部长指令”。虽然公开的文件删除了包括元数据定义在内的通信元数据搜集活动的相关细节，但该指令至少部分涉及通信安全局以“任务 a”搜集通信元数据。该指令还明确，通信元数据搜集的目标是指向“外国国家、组织、恐怖主义集团或个人”而非加拿大人，其对数据的使用和留存要遵守现有隐私保护程序。通信安全局可与其他机构共享数据，但要严格遵守保护加拿大人隐私的相关规定并符合通信安全局程序性要求。[1]

2005 年 3 月 9 日国防部长签发另一项指令，即“部长指令：通信安全局搜集和使用元数据”。公开文件显示的内容较 2004 年指令更为丰富，不仅指出元数据“是指与电子通信相关的信息，用以识别、描述、管理或路由该电子通信或该通信的任何部分”，且指令通信安全局根据“任务 a”进行通信元数据搜集并要求遵守现有隐私保护的规定。另外，指令明确通信安全局专员的责任主要是审查通信安全局的活动以确保其符合法律。基于此，通信安全局专员 2006 年开始对通信安全局通信元数据的使用进行审查，以理解、确定通信元数据搜集活动的性质，并评估其遵守部长指令、加拿大法律及通信安全局内部业务政策、程序等情况。[2] 经审查评估，通信安全局专员于 2008 年 1 月发布一份针对部长指令的报告，指出根据“部长指令”至少有些通信元数据搜集活动无须部长授权，原因可能在于其并非“私人通信”。因此，专员建议通信安全局应对这一立场进行重新审

---

[1] Craig Forcese，Law, logarithms, and liberties: Legal issues arising from CSE's metadata collection initiatives，Michael Geist.Law, privacy and surveillance in Canada in the post-Snowden era，University of Ottawa Press，2015：133.

[2] Annual report 2005-2006 of Communications Security Establishment Commissioner，www.ocsec-bccst.gc.ca，2018 年 3 月 8 日访问。

查和评估。专员提交的报告还引起另一个问题，即通信安全局根据“任务 a”进行的元数据搜集，实际却是在根据“任务 c”向国家安全机构和联邦执法机构提供协助，这种做法是否适当？专员因此要求通信安全局至少应对一些通信元数据搜集活动的授权进行重新检查和评估。因为问题不在于对“任务 a”和“任务 c”的解释，而在于在何种情况下适用哪种类型的任务。[1]“任务 a”和“任务 c”之间区别的重要性在于，其决定着针对加拿大人的通信元数据搜集活动的授权要求究竟是经部长授权还是法官的令状。

通信安全局专员的质疑和建议促使通信安全局于 2007 年 4 月至 2008 年 10 月间暂停其通信元数据搜集活动，目的是确保相关活动绝对符合加拿大的法律、通信安全局内部政策和程序。为此，国防部和司法部启动了一项内部审查，审查结果确认了这些活动确实是符合法律的。随后，通信安全局重启通信元数据搜集项目，但其与之前项目的政策和做法有重大的差别。2010 年 12 月通信安全局专员的一份报告对通信安全局 2008 年 10 月至 2009 年 10 月重新开始的通信元数据搜集活动进行了审查，其结论是根据“任务 a”进行的通信元数据搜集活动得到恰当的授权，通信安全局不会根据“任务 a”进行“任务 c”的通信元数据搜集活动。[2]

2011 年底国防部长签发部长指令对 2005 年通信元数据搜集和使用指令进行更新。根据公开的文件，通信安全局认为，目前法律和政策的隐私保护措施是充分的，对 2005 年的指令进行更新并不意味着降低隐私保护的标准。元数据是与电子通信有关的信息，但并

---

[1] OCSEC review of the Ministerial Directive, Communications Security Establishment, collection and use of metadata，2005：2.

[2] Michael Geist，Law, privacy and surveillance in Canada in the post-Snowden era，University of Ottawa Press , 2015：135.

不是一种“通信”。[1] 正是基于这一立场，通信安全局在其《保护加拿大人隐私和确保通信安全局活动符合法律规定》（2012 年 12 月 1 日版）的操作手册中明确指出，通信元数据搜集活动无须部长授权。其潜台词就是通信元数据不属于私人通信。

“斯诺登事件”后，因涉及重大公共利益，通信安全局通信元数据搜集和使用活动的合法性成为通信安全局专员优先审查项目。在 2013-2014 年度报告中，通信安全局专员虽对通信元数据的搜集和使用提出一些建议，但认为该活动是符合法律和政策要求的。报告指出，当媒体报道通信安全局在机场非法追踪加拿大人的行动和在线活动后，我们询问了通信安全局的雇员并检查了其活动的结果。根据我们的调查和积累的知识，我得出结论，通信安全局的活动不涉及“大规模监控”或追踪加拿大人，也未发现通信安全局的活动直接指向加拿大人。在审查通信安全局反恐办公室通信元数据搜集活动时，通信安全局专员指出，我发现，反恐办公室所进行的涉及加拿大人通信元数据搜集的样本一般是按照操作规程进行的。我建议通信安全局修改其对这些活动的政策以反映其目前的做法，特别是记录保存。[2] 随着“斯诺登事件”的持续发酵，加拿大政府和通信安全局专员对通信元数据搜集和使用活动的立场也在发生变化。2014 年 2 月，加拿大政府在回应不列颠哥伦比亚省公民自由联盟时似乎承认，至少一些通信元数据搜集活动可能会引起隐私合理期待问题，

---

[1] Ministerial Directive，Communications Security Establishment, collection and use of metadata，http://www.theglobeandmail.com/news/national/raw-docu-ments-canadas-top-secret-data-mining-program/article12446852/?from=12444909#dashboard/follows/，2018 年 2 月 10 日访问。

[2] Annual report 2013-2014 of Communications Security Establishment Commissioner，www.ocsec-bccst.gc.ca，2018 年 3 月 8 日访问。

尽管部长授权能够正当化其对隐私的干涉。在2014-2015年度报告中，通信安全局专员指出：每年，我都会提供一份关于通信安全局活动合法性的全面报告。除了关于通信元数据搜集和使用活动的法律影响正在进行外，过去一年所审查的通信安全局的所有活动均符合法律。随着通信元数据搜集和分析工作的不断发展，确保专员办公室理解通信安全局相关程序的变化对加拿大人隐私的潜在影响及其是否符合法律要求是非常重要的。专员办公室将继续监督通信安全局如何应对技术发展及其对隐私的影响，关注可能影响通信元数据搜集、使用和披露相关法律的发展。[1]

第三节　加拿大通信安全局通信元数据监控问题的争论

信息化时代，元数据搜集、挖掘与分析对于国家安全的维护极端重要，然而，当大规模通信元数据搜集活动涉及加拿大人时，如何维护《加拿大权利和自由宪章》(以下简称“宪章”)所赋予的基本权利即成为棘手的问题。“斯诺登事件”后，加拿大各界就通信安全局通信元数据搜集活动展开了广泛而激烈的争论，归纳起来争论的焦点主要集中在以下两个问题：

一、加拿大人通信元数据监控是否构成隐私权干预

“斯诺登事件”后，通信安全局通信元数据搜集项目涉及无证搜

[1] Annual report 2014-2015 of Communications Security Establishment Commissioner，www.ocsec-bccst.gc.ca，2018 年 3 月 8 日访问。

集加拿大人通信元数据受到国会议员、学者以及新闻媒体的广泛质疑，甚至引起不列颠哥伦比亚省公民自由联盟提起宪法诉讼。然而，加拿大政府对此问题的态度极为消极，很少提及涉及加拿大人的通信元数据搜集项目。即使被问及，也明确表示此种做法符合现行立法的要求，甚至出于反恐的需要在 2014 年的 C-13 法案中进一步降低授权搜集通信元数据的门槛。双方截然不同态度的核心在于对搜集加拿大人通信元数据是否干预其隐私权的判断。

2007 年时任通信安全局主管约翰·亚当斯在参议院国家安全和防卫委员会作证时曾说道，“如果我被问及，你对拦截的解释是什么？我会说，拦截是我听到某人在和别人说话或者我读某人的信件。拦截不是看信封的外面。对我来说这不是拦截。”“信封外面”指的似乎就是元数据。[1]2011 年，通信安全局对 2005 年部长指令进行修改，即使通信元数据搜集项目会涉及加拿大人也无需部长授权。不难推断，在通信安全局看来，与内容不同，通信元数据并非加拿大刑事法典第六章所称的“私人通信”，加拿大人对通信元数据没有隐私的合理期待，换言之，通信安全局在搜集外国信号情报过程中牵连到加拿大人并不构成对加拿大人隐私权的干预。

然而，加拿大社会各界却有着截然不同的态度。涉及加拿大人通信元数据搜集项目的线索首先是被新闻记者发掘并见诸报端。不仅如此，《环球邮报》记者还利用加拿大《信息公开法》从政府部门持续获得有关通信元数据搜集项目的信息。随斯诺登持续披露加拿大通信元数据搜集项目的信息，加拿大主流媒体进行了大量相关报道。有学者对 2013 年 1 月至 2016 年 12 月《多伦多之星》《环游邮

[1] Michael Geist，Law, privacy and surveillance in Canada in the post-Snowden era，University of Ottawa Press , 2015：231.

报》和《国家邮报》三份重要报纸发表的 91 篇涉及加拿大人通信元数据搜集的相关文章进行定性和定量分析指出，65.9% 文章包含“元数据是关于人的信息，或是对人们有重要价值的信息，抑或是被人们关注的信息”等段落或语句。正如《国家邮报》一篇文章所言，“这些元数据能够显示我们去过哪个机场、经过某个城镇或穿越过哪个国家。我们的移动设备及相关元数据会留下数字轨迹，显示你在哪里居住、工作、旅行，在线购买什么、与谁联系，甚至购物、睡觉、醒来或离家的时间。”通过定量的数据分析，该学者得出，从 2013 年 1 月至 2016 年 12 月三份报纸发表含有将元数据定义为重要信息段落的文章数量在逐渐增加。[1]

加拿大最高法院也注意到元数据与隐私权之间的关系。在 2013 年的 R. v. Vu. 案中，加拿大最高法院专门论述了电脑上网所生成元数据的隐私重要性，“人们上网时大多数浏览器都会程序化自动保存最近数周曾访问过的网站和搜索的关键词。这些信息可以帮助人们记住上网的足迹。然而，在刑事侦查过程中，这些信息也能够使侦查人员获知上网者的兴趣、习惯、身份等私密的细节，描绘出不愿为人所知的生活轨迹”。[2] 在 2014 年的 R. v. Spencer 案中，加拿大最高法院将宪章第八条禁止不合理的搜查和扣押延伸至网络用户注册信息。[3] 换言之，不能因 IP 地址等元数据是服务提供商所拥有或由用户提供给服务提供商而认为用户对其无隐私利益。

在加拿大法律中，私人通信是极为重要的概念。根据刑事法典

[1] Del Pino，Alan，The representation of the Canadian government’s warrantless domestic collection of metadata in the Canadian print news media，https://ir.lib.uwo.ca/etd/50387，2018 年 2 月 10 日访问。

[2] R. v. Vu.，2013 SCC 60.

[3] R. v. Spencer, 2014 SCC 43.

第五部分，私人通信是个人享有隐私合理期待，受宪章第八条保护的数据。根据加拿大法律，私人通信是指由加拿大境内之人做出或由加拿大境内之人接收的，做出之人有理由相信除其希望接收通信的人之外不被任何其他人拦截的任何口头通信或任何电子通信。从内涵和已有判例来看，通信元数据属于“电子通信”的范畴；不因多数通信元数据由第三方保存而否认其隐私价值；通信元数据也符合私人通信所要求的“由加拿大境内之人做出或由加拿大境内之人接收”地理位置条件。同时，通信元数据的隐私内涵能够达到合理期待的隐私门槛，应受宪章第八条保护，而部长授权并不等于司法授权，《国防法》设定的搜集通信元数据条件不符合允许无证拦截的标准、国家安全的需要也不能成为偏离宪章的正当理由，因而，当前通信安全局搜集通信元数据不能被认定为合理的搜查。因此，有学者认为，通信安全局在搜集通信元数据时一定要得到部长授权，应修改相关法律，要求法官（除部长授权之外或替代部长授权）授权任何可能引起合理隐私期待的通信元数据搜集活动。因为政府自己也承认，不知何时涉及加拿大人的通信元数据就可能会被纳入搜集的范围。[1]

二、加拿大人通信元数据监控是否得到有效监督

“斯诺登事件”所引发的另一个焦点问题是，通信安全局搜集涉及加拿大人通信元数据活动是否受到有效的监督？对此加拿大政府和学界也有着迥异的立场。在加拿大政府看来，1996 年已建立通信

[1] Michael Geist，Law, privacy and surveillance in Canada in the post-Snowden era,University of Ottawa Press，2015：127-160.

安全局专员制度，由内阁总理任命具有丰富法律实践经验的人士出任通信安全局专员，审查通信安全局情报搜集活动的合法性，并提交相关报告。独立的通信安全局专员能够对通信安全局情报搜集活动进行严格的、有效的监督，且其监督角色在不断强化。

尽管设立通信安全局专员对通信元数据搜集活动进行监督，但是诸多学者认为其监督效果却不能令人满意，其主要原因在于：

第一，通信安全局的秘密性使得通信安全局专员缺乏监督的信息。多年来，加拿大国家安全机构一直维持秘密运作的传统，通信安全局情报搜集工作尤其受到政府保密的保护。这是因为，一方面，冷战时期加拿大情报机构与外国情报机构签订的国际情报协定涉及大量的豁免性规定。根据这些协议，从外国政府秘密获得的任何信息都是官方的机密。另一方面，根据加拿大《信息安全法》和《证据法》，通信安全局员工有严格保密的职责，违法披露信息构成刑事犯罪；而且根据《信息公开法》通信安全局对于涉及国际事务、国防或国家安全的信息可豁免披露。结合两方面因素，即使根据《信息公开法》社会公众也仅能获得很少的信息。因此，有学者指出，通信安全局的工作极具秘密性，不仅政府其他部门和新闻媒体不了解其运作，就是通信安全局内部部门对其他部门的工作也不甚了解。[1] 这不仅使一般公众难以了解通信安全局的运作，也使得通信安全局专员难以获得监督的充分信息。2004 年加拿大审计总长在关于加拿大情报机构的报告中就曾指出，通信安全局专员缺乏全面信息和细节、无法获知通信安全局全部的任务，导致其只能对通信安全

[1] Del Pino，Alan，The representation of the Canadian government's warrantless domestic collection of metadata in the Canadian print news media，https://ir.lib.uwo.ca/etd/50387，2018 年 2 月 10 日访问。

局的一小部分业务进行审查。[1]

第二，通信安全局专员独立性不足。通信安全局专员是根据《国防法》设立，由作为行政首长的内阁总理任命，负责向国防部长提交报告，因此，通信安全局专员的监督具有极强的内部性。通信安全局专员独立性不充分使其监督往往受到通信安全局的影响。从以往年度报告不难发现，通信安全局专员在对分歧问题的法律解释上通信安全局的观点往往占据着上风。例如，拉默专员在2005—2006年年度报告中写道："在对通信安全局根据'部长指令'进行情报搜集活动的审查时，我注意到，根据部长适用法律条款的解释，我的结论是这些活动具有合法性。我已在其他场合指出，当前的立法中存在着模糊之处，这一观点与我的前任前魁北克首席大法官克劳德·毕森的观点是一致的。"此后通信安全局专员也做过类似的陈述。因此，如果没有像法院这样的充分独立机构对争议问题的法律解释做出最终裁决，那么"合法性"就意味着在自己对法律解释的范围内运作。在这种模式下，监督的独立性保证仅仅是自己的活动符合自己对法律的解释，显然违背"自己不能做自己案件法官"的自然正义原则。

第三，反新恐怖主义政治氛围不利于监督。"9·11"恐怖袭击事件后"新恐怖主义"思潮甚嚣尘上。时任美国总统乔治·沃克·布什认为，当代恐怖主义带来的新的现实和危险代表了一种我们国家从未曾面临过的威胁。布莱尔也提出，这种新的全球恐怖主义不是由一系列可经协商的政治要求，而是由宗教狂热主义所驱动的。[2]这

[1] Kevin Walby，Seantel Anaïs，Communications Security Establishment Canada, structures of secrecy, and ministerial authorization after September 11，Canadian Journal of Law and Society. 2012（3）：365-380.

[2] 吕楠译："从'传统恐怖主义'到'新恐怖主义'：革命抑或演变?"，载《当代世界与社会主义》，2009年第6期。

种新的政治氛围有利于实施更具有侵入性的国家安全措施，将公民隐私置于国家安全价值之下。正如有学者所言，防止未来恐怖袭击的迫切需求造成了戴维德·里昂所言的“恐慌体制”。在这一体制中，公民越来越愿意放弃其隐私权，以换取由国家采取更多的监控措施来保护公民的安全。这种权衡意味着，为了维护国家安全，公民被期望必须减少对其隐私权的保护。然而，此种政治氛围却不利于对国家安全措施的监控。例如，“斯诺登事件”后，虽然各界普遍呼吁加强对通信安全局情报搜集活动的监督和问责，但基于反恐的需求，加拿大议会2015年颁布的《反恐怖主义法》扩大了情报机构的权力却没有加强相关监督。

基于此，有学者认为，应改变不利于通信安全局专员监督的因素，以增加其监督实效。不过也有学者研究指出，监督和问责当然是至关重要的问题，加强目前的模式（主要依赖通信安全局专员）的努力应该大力推进，然而主要侧重于加强监督的危险在于，规范通信安全局的法定框架必然限制通信安全局专员的监督。换言之，如果法律明确授权通信安全局可以进行通信元数据搜集活动，这种审查从一开始就注定要失败。一些批评人士甚至认为，即使公开通信安全局专员关切的全部资料、赋予通信安全局专员完全的审查权，如果不进行法律改革，法律框架内的实质性关切仍可能得不到解决。

正是基于通信安全局专员无法对通信安全局通信元数据搜集活动进行有效监督的判断，诸多学者认为，应增加通信安全局情报搜集活动的透明度、设置议会监督，使得审查和监督更为有力，以确保通信安全局通信元数据搜集项目的运行符合法律要求。事实上，近年来曾有多次试图改善监督的提议，特别增加议会监督。2005年一项设立由国会议员组成的国家安全委员会的法案提交联邦众议院，但一读后就不了了之了。最近，自由派议员维恩·伊斯特试图在 C-551 法案中重新提出上述法案；2014 年 6 月自由派议员约易斯 · 莫瑞提出了一项新的通信安全局归责和透明法案——C-622 法案，但均以失败告终。[1]

"斯诺登事件"使加拿大通信安全局涉及加拿大人通信元数据搜集项目浮出水面，进而引致社会各界对此类活动会不当干涉加拿大人隐私权的担忧。虽然，加拿大政府认为通信安全局通信元数据搜集项目符合法律和政策，但是大数据时代通信安全局搜集通信元数据是否干预加拿大人隐私权、该活动是否得到有效监督等问题却引起广泛的争论。即便如此，加拿大通信安全局通信元数据搜集的制度内容、实践及其争论对于各国推进国家安全法治化建设是具有重要参考价值的。

[1] Michael Geist，Law, privacy and surveillance in Canada in the post-Snowden era，University of Ottawa Press，2015：229.

第五章 澳大利亚通信数据留存与调取制度

大数据时代，国家安全机关、侦查机关调取通信数据并利用技术手段对其进行挖掘、分析日益成为维护国家安全、打击严重犯罪的重要手段，然而，通过立法课予通信服务提供者一定期限内留存特定通信数据、赋予国家安全机关和侦查机关调取、利用通信数据的权限，必然干涉通信数据主体宪法所赋予的基本权利。如何在维护国家安全、打击严重犯罪与保障公民基本权利之间进行价值权衡及选择成为世界各个国家和地区所面临并亟待解决的棘手问题。面对近年来新的反恐形势，澳大利亚于 2015 年 3 月通过《2015 年电信（监听和调取）修正案（数据留存）》（以下简称“2015 年电信修正案”）对《1979 年电信（监听和调取）法》（以下简称“1979 年电信法案”）进行修改，确立了较为系统的通信数据留存与调取制度，赋予特定国家机关强大的数据调取权力，但在全球范围相关立法以强化通信数据保护为趋势的时代背景下，该制度及其实践不可避免地受到来自各方面的诸多批评和质疑。当前，各国正处在全面推进依法治国、加快建设法治国家的重要历史时期，在回应大数据技术对刑事侦查的影响、构建国家相关制度时，澳大利亚通信数据留存与调取制度的立法和实践经验、教训值得借鉴与反思。

第一节　反恐新形势背景下的澳大利亚通信数据留存与调取制度

澳大利亚虽是2001年“9·11”恐怖袭击事件后十多年来没有遭到恐怖主义报复的“幸运者”，但无论是在国内还是国外，澳大利亚的反恐都呈现积极主动的特点。2001年“9·11”恐怖袭击事件至2015年，澳大利亚颁布60余部与反恐相关的法律就是最好的注脚。近年来，澳大利亚反恐形势发生了新变化，一方面，澳大利亚已成为国际伊斯兰极端势力招募“圣战者”的基地之一，其国内恐怖分子与国际恐怖势力呈现联动态势；另一方面，澳大利亚本土恐怖势力渐成气候，并正着手策划单打独斗的“独狼”式恐怖袭击。[1] 为应对国内反恐新形势，时任澳大利亚总理托尼·阿博特于2014年8月在首都堪培拉公布了一系列反恐新举措，赋予情报、外交和其他相关部门更大的权力。正如当时司法部长布兰迪斯所言，“在这个‘新危险时代’，赋予保护国家机构所需的权力和能力是至关重要的。”[2] 作为反恐新举措第三阶段立法的《电信（监听和调取）修正案（数据保留）议案》，于2014年10月由通信部长向议会提出。2014年12月15日，澳大利亚悉尼发生的恐怖袭击事件加速了该法的修改进程。2015年3月，议会通过了2015年电信修正案，并于同年10

[1] 雷墨：“澳大利亚站上反恐风口”，载《南风窗》，2015年第1期。

[2]“澳参院通过反恐法案，情报机构可全面监控互联网”http://world.people.com.cn/n/2014/0927/c157278-25747074.html，2019年4月28日访问。

月生效。该法弥补了1979年电信法案的诸多缺陷，确定了较为完备的通信数据留存与调取制度，其核心内容包括：

一、通信数据留存制度

留存通信数据是情报部门和刑事执法部门调取相关数据的前提。然而，1979年电信法案并未强制要求通信服务提供者留存用户的通信数据，也未明确留存通信数据的类型和期限。实践中，通信服务提供者根据各自的账单、市场和纳税的需求留存不同类型的数据，留存期限也不尽相同，这导致情报部门和刑事执法部门往往无法及时准确地获取对预防、打击恐怖主义及其他严重犯罪有用的通信数据。为此，2015年电信修正案对留存通信数据的主体、留存通信数据的类型、留存期限和留存主体的权利义务等内容进行了规定。

第一，留存通信数据的主体。根据2015年电信修正案，留存通信数据的主体是"通信服务提供者"，包括电信运营商与网络服务提供者两类，其中"服务"须具有以下三个特征：一是其用于承载通信，或通过有导向或无导向抑或两者兼有的电磁能实现通信；二是其由运营商或网络服务提供者经营；三是其提供者在澳大利亚拥有或经营可以为其提供任何相关服务的基础设施。此外，该修正案赋予澳大利亚各州州督（a Minister of the Crown of that State）（以下简称"州督"）通过法律文书声明的方式将其他通信服务主体确立为留存通信数据主体的权力。

第二，留存通信数据的类型。2015年电信修正案详细列明了通信服务提供者需留存通信数据的类型：1. 与服务有关的用户、账户、服务类型、电信设备等数据。具体包括：与服务有关的名称、地址信息及为识别名称、地址信息而提供的其他信息;与服务有关的合约、协议、安排及其他相关信息；与服务有关的账单、付款资料、联系信息；通信服务提供者使用的与相关服务、账户、设备有关的标识符；相关服务、账户、设备的状态等。2. 通信信号源，即通过相关服务发送通信的相关账户、服务、设备的标识符。3. 通信的目的地，即已发送或已被转发、路由、传输，或试图转发、路由、传输的账户、设备及相关服务的标识符。4. 通信或者其连接相关服务的日期、时间和持续时间。包含与通信有关的下列事项的日期和时间(含时区)(准确程度足以识别通信)：通信开始、结束、与有关服务的连接及与有关服务断线等。5. 通信的类型或者与其连接的相关服务的类型。具体包括：通信的类型，如语音，短信，电子邮件，聊天，论坛，社交媒体；有关服务的类型，如 ADSL，Wi-Fi，VoIP，电缆，GPRS，VoLTE，LTE；通信使用或启用相关服务的特点，如呼叫等待、呼叫转发、数据卷使用。6. 与通信连接的设备或线路的位置，如手机基站、无线网络热点等。同时，该修正案赋予州督通过法律文书声明修改（包括增加、删除或替换）需留存通信数据类型的权力。另外，该修正案明确以下五类数据无须留存：1. 通信内容。2. 用户的网络浏览历史。3. 通过利用澳大利亚基础网络提供通信服务的第三方运营商进行通信的信息，但澳大利亚网络服务提供者本身提供的服务属于留存义务范围(如网络服务提供者不需留存通过“谷歌”发出邮件的任何数据信息，但若该邮件是直接通过该网络服务提供者发出的，则需按照上述规定留存相关通信数据)。4. 服务提供者根据《1997 年电信法》第 99 节中澳大利亚通信和媒体管理局（ACMA）决定应删除的数据。5. 有关电信设备位置但并非服务商用来连接通信服务所使用的数据（如不需留存通话时手机所在的 GPS 坐标，但需留存当时手机所连接的基站的位置坐标）。

第三，留存通信数据的期限、安全要求及补偿。一是留存通信数据的期限。2015 年电信修正案要求通信服务提供者收集、存储用户通信数据的期限为 2 年，通信服务提供者可根据自身情况对这一期限予以延长，但不可缩短。二是留存通信数据安全性要求。2015 年电信修正案课予通信服务提供者确保所留存通信数据安全的附加义务，即通信服务提供者有义务对所留存的通信数据予以加密处理并保证其不被无授权的机构或个人入侵和调取。但修正案未对服务提供者应使用加密手段的等级做出具体规定。[1] 三是对通信服务提供者履行留存义务的补偿。澳大利亚政府可以向通信服务提供者提供财政援助，以协助通信服务提供者遵守数据留存义务，但给予财政援助的条款及条件，须在澳大利亚政府与通信服务提供者之间的书面协议中列明。

二、通信数据调取制度

课予通信服务提供者留存通信数据义务的立法目的在于为有权机关调取、分析这些数据以预防、打击恐怖主义及严重刑事犯罪提供便利。为规范通信数据调取活动，2015 年电信修正案从通信数据调取主体、授权、监督等方面做出规定。

第一，调取通信数据的主体。根据 1979 年电信法案，澳大利亚情报部门和“执法机构”因预防、打击恐怖主义、执行刑法或处以罚款的需要可获得通信服务提供者持有的通信数据，但“执

[1] Hughes G，Lwin K，New Mandatory Data Retention Laws，Camle Communications Law Bulletin, 2015(3):1–6.

法机构”的范围却极为宽泛，不仅包括地方议会、联邦和各州的各个部门，甚至包括动物福利组织、澳大利亚邮政部门。2015 年电信修正案将调取通信数据的主体范围限定为澳大利亚情报部门和“刑事执法部门”，并对“刑事执法部门”做出明确列举：澳大利亚联邦警察局（the Australian Federal Police）、州警察局（a Police Force of a State）、澳大利亚执法廉洁委员会（the Australian Commission for Law Enforcement Integrity）、澳大利亚犯罪委员会（the ACC）、澳大利亚海关与边境保护局（the Australian Customs and Border Protection Service）、澳大利亚证券和投资委员会（the Australian Securities and Investments Commission）、澳大利亚竞争与消费者委员会（the Australian Competition and Consumer Commission）、犯罪委员会（the Crime Commission）、反腐独立委员会（the Independent Commission Against Corruption）、警察廉洁委员会（the Police Integrity Commission）、独立反腐败委员会（the IBIC）、昆士兰犯罪和腐败委员会（the Crime and Corruption Commission of Queensland）、腐败和犯罪委员会（the Corruption and Crime Commission）、反腐独立专员（the Independent Commissioner Against Corruption）等以及其他通过申请而被州督宣布为刑事执法部门的机构，但州督在行使此项裁量权时须要将所授权的机构是否拥有调查严重违法行为的职能、对社会公共利益的影响和对公民隐私的侵犯程度等因素考虑在内。

第二，调取通信数据的授权。因新闻自由对于民主社会的重要价值，2015 年电信修正案明确规定，澳大利亚情报部门和刑事执法部门调取留存的记者通信数据需申请令状，且对申请人员范围和条件做出严格限制。一是情报部门调取。一般情况下，需由情报部门总干事向州督提出申请，申请需证明签发授权令的必要性，并根据要求提供材料。州督在考量所披露的信息或文件对隐私的干扰程度、多大程度上有助于职能履行、申请授权令事项的严重性、是否已穷尽其他合理措施而无法获得相关信息或文件、公共利益倡导者（Public Interest Advocate）提交的意见书后，决定是否签发以及签发是否附条件和期限的授权令，期限最长不得超过 6 个月。紧急情况下，即州督在此前 3 个月内未签发或拒绝签发过相关授权令，而情报部门总干事认为如果不及时调取，相关信息或资料会或可能会受到严重损害，可由该情报部门总干事直接签发授权令，期限最长不得超过 48 小时。二是刑事执法部门调取。基于执行刑法、定位失踪人员、实施罚款、保护税收的目的，刑事执法部门可向该部门总干事、副总干事或正在履行该职责的人申请授权调取留存的记者通信数据。授权的做出需考虑相关机构的职能、权衡授权令对公共利益的损益程度等，期限最长不得超过 90 天。

对记者通信数据以外通信数据的调取，2015 年电信修正案并未做出改变，而是延续以往做法，即澳大利亚情报部门和刑事执法部门可通过自愿披露和授权调取两种方式取得。一是自愿披露。根据 2013 年修订的 1979 年电信法案第 174 条（1）规定，1997 年电信法第 276、277 和 278 条不禁止个人（持有人）向情报部门披露与其履行职能有关的信息或文件。该法第 177 条（1）（2）规定，1997 年电信法第 276 条、第 277 条和第 278 条不妨碍个人（持有人）向执法部门披露对于执行刑法、实施罚款或保护税收有合理需要的信息或文件。自愿披露是信息或文件的持有人主动向情报部门和刑事执法部门提供，不涉及通信服务提供者留存通信数据调取问题。二是授权调取。如果情报部门和刑事执法部门需向通信服务提供者调取留存的通信数据，则需经过授权。根据 2013 年修订的 1979 年电信法案第 175 条规定，情报部门可经该部门总干事、副总干事或其他有权官员授权调取与其履行职能相关的特定信息或文件。该法第 178 条、第 178 条 A、第 179 条规定，经刑事执法部门被授权之人的授权也可要求持有人披露对于执行刑法、实施罚款或保护税收有合理需要的特定信息或文件。

第三，调取通信数据的监督。为防止权力的滥用，1979 年电信法案就设置了联邦调查员（Commonwealth Ombudsman）在执法机构监听和保全通信环节的监督职责。2015 年电信修正案将联邦调查员的职责拓展至对通信数据调取的监督。联邦调查员的监督职责具体表现在：一是检查权，即检查（包括复制和提取）刑事执法部门调取通信数据的相关记录。为进行检查，调查员在通知该部门首长后，可在任何合理时间进入该部门所占用的处所；有权在所有合理时间内完全免费获取与检查有关的该部门所有的记录；有权复制或摘录该部门的记录；可要求该部门的一名职员提供其占有的调查员认为与检查有关的任何资料。二是要求提供信息或回复问题权。当联邦调查员对刑事执法部门调取留存通信数据存在疑问时，其有权要求该刑事执法部门的官员提供相关信息或回答相关问题。三是与检察机关交换信息权，即向检察机关提供与执行和国家或领土相关职责的信息以换取与其执行监督职责相关的信息。四是委托他人行使其监督职责权。依法委托对该联邦调查员负责的澳大利亚公共服务（APS）的雇员或者具有与国家或领土法律下的联邦调查员类似监督职能的人及对该人负责的雇员行使其监督之权。五是报告义务，即联邦调查员有将其监督行为及结果向州督报告的义务。调查员可以随时以书面形式向州督报告检查的结果，如果州督提出要求，则必须进行报告，但提交的报告中不得包含一旦公布可能危害人身安全、妨害调查或起诉或任何可能危害刑事执法部门行事的信息。六是豁免权，即联邦调查员行使监督权力的行为免于被起诉。

第二节 澳大利亚通信数据留存与调取制度的评析

因反恐新形势的需要，澳大利亚通过修法创设通信数据留存与调取制度，然而受2013年“斯诺登事件”的影响，全球范围纷纷反思通信数据留存与调取的政策和立法，特别是2014年欧盟法院数字权利案裁决对欧盟国家乃至欧盟以外国家和地区产生了深远的影响。在此背景下，无论从前提假设，还是具体制度设置，澳大利亚更加注重国家安全维护和严重犯罪打击的通信数据留存与调取立法难免令人有“逆潮流”之感。正如有学者所言，在打击恐怖主义和国家监控需求迫切提升的背景下，隐私往往难以与被认为更为“民主”的“公共利益”“国家安全”等利益进行权衡。[1]

一、以通信数据收集较秘密获取通信内容更不具权利干预性为前提假设

理论与实务界对于留存、调取通信数据是否像秘密获取通信内容一样具有基本权利干预性一直存在着争论。美国联邦最高法院就长期奉行“风险承担理论”，认为犯罪嫌疑人、被告人对于自愿提交给通信服务提供者的通信数据，不能主张其隐私权受到侵害。[2] 在“斯

[1] 张衡：“大数据监控社会中的隐私权保护研究”，载《图书与情报》，2018年第1期。
[2] 李荣耕：“论侦查机关对通信记录的调取”，载《政大法学评论》，2010年第3期。

诺登事件”中，美国政府坚称斯诺登档案所披露的多数监控情况涉及的都是收集不包含内容的通信数据，而非通信内容，以此来努力暗示其监控并不侵犯隐私。[1] 不过，人权组织和学术界早就警告称，通信数据的收集对隐私的威胁与通信内容的收集一样严重。大数据时代，通信数据的资讯解读能力和基本权利蕴涵更为凸显。澳大利亚 2015 年电信修正案显然是建基于前一种观点，即认为不包含通信内容的数据并不揭示公民的实质性生活内容，因此公民根本不需要担心自己的隐私会受到侵犯。而这一修法的前提假设，在澳大利亚同样备受质疑。有学者就指出，即使是不包含通信内容的数据，其本身对隐私权的侵犯程度也并不亚于通信内容，甚至比通信内容本身更能造成困扰。在大数据时代，恰恰是非内容性的通信数据更具有价值。与通信内容相比，通信数据将更多主观因素排除在外，因此对个人生活轨迹的揭示往往更具有客观性。如果他人知道你的全部通话对象、所有电子邮件通信，以及电话通话的时间长度，那他们就可以非常全面地描绘出你的生活、你的各种社会关系和活动轨迹，甚至包括你最密切、最私密的一些个人信息。[2]

二、留存通信数据范围和调取通信数据主体存在不确定性

法律规范指向明确、具体是现代法治原则的基本要求，特别是授权性规范，否则将为权力滥用留下空间。2015 年电信修正案虽明确了通信服务提供者需留存的通信数据范围，并列举了需要及不需

[1] [美] 格伦·格林沃尔德：《无处可藏：斯诺登、美国国安局与全球监控》，王勇译，北京：中信出版社，2014 年版，第 123 页。

[2] [美] 格伦·格林沃尔德：《无处可藏：斯诺登、美国国安局与全球监控》，王勇译，北京：中信出版社，2014 年版，第 123 页。

要留存的通信数据种类，但又赋予州督通过法律文书声明对此进行修改的权力，这实际上使得最终可以被留存的通信数据范围处于不确定状态。另外，该修正案虽将调取通信数据的主体范围限定为澳大利亚情报部门和刑事执法部门，然而州督同样有较大的自由裁量权来宣布某个机构为刑事执法部门，这就使得大量公权力主体可能调取到通信服务提供者留存的通信数据。立法者赋予州督在留存通信数据范围和调取通信数据主体方面的自由裁量权必然将公民的隐私权保护置于不确定的状态。在反恐新情势下，这种不确定性无疑是令人担忧的。对于后者，有学者就质疑指出，该修正案就此问题给予州督相对较大的自由裁量权，许多以前有权调取通信数据的机构可能满足新法的测试。因此，有充分的理由怀疑，在实际运作中澳大利亚的数据留存计划不仅将被用于调查严重犯罪和国家安全问题，而且还会被用于调查更广泛的轻微犯罪和行政处罚。[1]

三、通信数据留存期限设置的不合理

2015 年电信修正案将通信服务提供者留存通信数据的期限确定为两年，彻底结束了通信服务提供者依据计费、成本考量自行决定留存通信数据时间而导致的留存期间混乱的状况。不过，2 年的通信数据留存期限也有着不合理之处：

第一，2 年的留存期限过长。从犯罪控制的角度，留存通信数据的时间越长似乎对打击犯罪越有利，不过从诉讼经济和人权保障的角度则希望将留存期间控制在合理的范围之内。因为长时间的留存不仅增加留存通信数据、维护数据安全的成本，而且随着数据积累，

[1] Suzor N，Pappalardo K，Mclntosh N，The passage of Australia’s data retention regime：National security，human rights，and media scrutiny，Internet Policy Review，2017(1):6.

数据泄露的风险也会随之提高，彼时，人们隐私的暴露将会更加全面、彻底。澳大利亚隐私保护委员会专员蒂莫西·皮尔格林就曾指出，依赖留存的通信数据所进行的调查活动，90% 只需要一年以内的通信数据。[1] 澳大利亚隐私基金会也认为，2015 年电信修正案规定的 2 年留存期是不必要的，并建议将这一期限缩短为 6 个月。[2]

第二，所有通信数据均留存 2 年不符合比例原则。2015 年电信修正案规定通信服务者所需留存的通信数据包括 6 类，而不同的通信数据其隐私蕴涵是有差别的，如第一类与通信服务有关的名称、地址等信息与其他类别通信记录就有着明显的差异，不区分通信数据的类型，一概要求通信服务者留存通信数据 2 年，明显不符合比例原则。

四、通信数据调取权控制不足

为防止调取通信数据权滥用，1979 年电信法案、2015 年电信修正案为情报部门和刑事执法机构调取通信数据设置了实体和程序要件，但其限权密度仍显不足：

第一，调取通信数据的实体条件不合比例。国家立法与实践经验充分表明调取通信数据应以预防、打击恐怖主义犯罪、有组织犯罪等严重犯罪为限，且应在常规侦查手段不足以取得证据的情况下才能实施。然而，除情报部门调取通信数据外，只要对执行刑法、实施罚款或保护税收有合理需要，澳大利亚刑事执法机构就可以调

[1] Corinne Reichert，Telcos not ready, don’t understand data retention：Comms Alliance，http://www.zdnet.com/article/telcos-not-ready-dont-understand-data-retention-comms-alliance/，2018 年 7 月 20 日访问。

[2] Lindsay D F，Greenleaf G，Daly A，et al，Australian Privacy Foundation Submission on the Data Retention Bill 2014，Social Science Electronic Publishing，2015(1):21.

取通信数据，既不以重罪为前提，也不贯彻“最后手段原则”，显然与比例原则的要求相悖。

第二，缺乏事前的司法审查。经验表明，事前的司法审查是强制侦查措施，特别是秘密侦查措施权力控制的最重要的制度设置。因隐私权受到侵犯后的监督仅能起到惩罚侵权者的作用，对于被侵权者则是亡羊补牢，而事前司法审查可将对隐私权不当干预的可能性降到最低，发挥防患于未然的作用。正如上文所述，除情报部门调取记者通信数据需由州督审批，具有一定外部性外，调取通信数据由情报部门和刑事执法部门自我授权、自行执行，而无需交由中立的第三方进行事前司法审查。此种授权机制实质上赋予了情报部门和刑事执法部门直接调取通信数据的权力，不仅无法保证授权的公正性，更无法确保授权的合目的性和必要性。对此，澳大利亚政府的理由是：由于这些机构职能的特殊性，如果事前再向其他主体（中立的司法机关）申请授权，其繁杂的程序会拖延调查效率，加大证据遗失的风险，[1]这种立场在隐私权保护者看来显然不具有说服力。

第三节 澳大利亚通信数据留存与调取制度对现代各国的启示

进入21世纪以来，面对错综复杂的国内国际局势，世界各国不断强化预防、打击恐怖主义及严重刑事犯罪的能力，然而，纵观现

[1] Suzor N，Pappalardo K，Mclntosh N，The passage of Australia’s data retention regime：National security，human rights，and media scrutiny，Internet Policy Review，2017(1):6.

行法律规范，多国尚未构建起与大数据时代契合的、完整的通信数据留存与调取制度，为此，澳大利亚通信数据留存与调取制度的立法和实践经验、教训值得借鉴与反思。

一、重视通信数据留存与调取的权利干预性

澳大利亚通信数据留存与调取制度虽努力在打击恐怖主义、严重刑事犯罪与公民权利保障之间寻求平衡，但显然以通信数据收集比秘密获取通信内容更不具权利干预性为前提假设，进而导致通信数据留存与调取制度控权密度不足的缺憾。在数据成为现代国家核心资源和竞争力的大数据时代，留存和调取通信数据的权利干预性已不再是学者们的理论推演，而得到诸多判例和立法的经验支撑。例如，德国联邦宪法法院在 2009 年的通信记录强制存储判决中就曾指出，通信记录是通信秘密的一环，立法者虽系立法课予电信服务业者就此予以储存，而非由国家权力自为储存，并无碍于该等法律规定之干预性质，于此电信业者扮演国家之行政助手的角色，私人的电信服务业者并无任何自主裁量空间。而电信法第 130b 条第 1 段的资料传输规定亦属对基本法第 10 条第 1 项之秘密通信自由的干预。加拿大最高法院在 2014 年的 R. v. Spencer 案中将宪章第八条禁止不合理的搜查和扣押延伸至网络用户注册信息。换言之，不能因 IP 地址等元数据是服务提供商所拥有或由用户提供给服务提供商而认为用户对其无隐私利益。欧盟法院在 2014 年数据权利案中裁决指出，留存通信数据会干涉《欧盟基本权利宪章》第 11 条规定的表达自由权和第 7 条规定的个人生活权，对通信数据进行有目的的处理会干涉第 8 条规定的个人数据权。欧洲人权法院在最近的一份裁决中一

方面肯定了大规模通信数据留存的合理性，另一方面又强烈驳斥了英国政府元数据的收集比秘密获取内容更不具侵入性的立场，认为大量收集通信数据对个人私生活的侵入程度甚至可能被放大，甚至超过了通信内容收集的结果。[1]尽管当前不同国家和地区对留存和调取通信数据干预权利的内容仍存不同理解，但其权利干预的强度不低于通信内容的收集似乎已是一种共识。多国在强化留存与调取通信数据作为对抗恐怖主义及严重刑事犯罪的利器进而在侦查实践中广泛运用的同时，应吸取澳大利亚立法经验教训，及时、充分关注留存与调取通信数据制度的国际发展趋势，重视留存与调取通信数据的权利干预性。

二、更新通信数据留存与调取的法律规范

鉴于通信数据对于预防和打击犯罪的功用，虽然早在 2000 年国家颁布的《互联网信息服务管理办法》中就规定，互联网信息服务提供者应留存通信数据，并在国家有关机关依法查询时予以提供，但与澳大利亚单独、体系化立法不同，国家通信数据留存与调取的法律规范存在着分散性、初步性的特点。

第一，通信数据留存与调取法律规范的分散性。目前，涉及通信数据留存与调取的规范有:《互联网信息服务管理办法》第 14 条规定，互联网接入服务提供者应当记录上网用户的上网时间、用户账号、互联网地址或者域名、主叫电话号码等信息。互联网信息服务提供者和互联网接入服务提供者的记录备份应当保存 60 日，并在

[1] Ian McDonald, John Williams, Big Brother Watch & Others v The United Kingdom, https://www.4newsquare.com/publications/big-brother-watch-and-others-v-the-united-kingdom/，2019 年 4 月 28 日访问。

国家有关机关依法查询时，予以提供。《反恐怖主义法》第 18 条规定，电信业务经营者、互联网服务提供者应当为公安机关、国家安全机关依法进行防范、调查恐怖活动提供技术接口和解密等技术支持和协助。《网络安全法》第 21 条要求网络运营者采取监测、记录网络运行状态、网络安全事件的技术措施，并按照规定留存相关的网络日志不少于 6 个月。该法第 28 条规定，网络运营者应当为公安机关、国家安全机关依法维护国家安全和侦查犯罪的活动提供技术支持和协助。最高人民法院、最高人民检察院、公安部发布的《关于办理刑事案件收集提取和审查判断电子数据若干问题的规定》第 13 条规定，调取电子数据，应当制作调取证据通知书，注明需要调取电子数据的相关信息，通知电子数据持有人、网络服务提供者或者有关部门执行。公安部发布的《公安机关办理刑事案件电子数据取证规则》第 41 条规定，公安机关向有关单位和个人调取电子数据，应当经办案部门负责人批准，开具《调取证据通知书》，注明需要调取电子数据的相关信息，通知电子数据持有人、网络服务提供者或者有关部门执行。不难发现，这些规范既有法律，也有行政规章，还有司法机关发布的解释，所涉领域极为分散、缺乏系统性且效力等级不一。

第二，通信数据留存与调取法律规范的初步性。上述法律规范涉及留存通信数据的主体、数据范围、期限、调取通信数据的主体、程序等内容，不过与澳大利亚通信数据留存与调取制度比较，国家相关法律规范对通信数据留存与调取的规制仅具有初步性，法律规范明确、具体的程度距离合法性原则的要求还有一定差距，比例性原则也未得到确立。鉴于通信数据留存与调取权利干预性和制度体系化需求，可借鉴澳大利亚单独立法模式，全面规制通信数据的留存、调取、分析活动。

三、完善通信数据留存与调取制度

鉴于国家现行法律规范对通信数据留存与调取规制的初步性，有必要借鉴澳大利亚通信数据留存与调取制度有益做法，具体而言：

第一，明确规定留存通信数据的义务主体。根据《互联网信息服务管理办法》的规定，国家通信数据留存的义务主体为互联网服务提供者，因电信数据对于刑事侦查的重要性，应将留存通信数据的义务主体扩展至电信业务经营者，即包括：互联网服务提供者和电信业务经营者。

第二，明确规定留存通信数据的类型。将留存数据的类型明确为：与服务相关的用户、账户、服务类型、电信设备等数据；通信信号源；通信的目的地；通信或者其连接相关服务的日期、时间和持续时间；通信的类型或者与其连接的相关服务的类型；与通信连接的设备或线路的位置；其他需要留存的通信数据。

第三，合理设置留存通信数据的期限。与澳大利亚立法相同，《互联网信息服务管理办法》对通信数据留存期限采用固定期限，不过国家留存期限相对较短，这固然可以减少对通信数据主体的权力干预、降低留存主体经济成本和数据泄露风险，但其是否足以满足犯罪控制的需要，则需进一步考量。国家应在充分实证调研的基础上，权衡不同通信数据的隐私蕴含、留存通信数据实际效用和留存主体的履行成本等因素，合理设置留存通信数据的期限。

第四，调取通信数据的授权。应根据通信数据对数据主体权利影响程度设置调取通信数据的实体和程序要件。对于可推断出隐秘私人生活领域的通信记录，其调取应贯彻重罪原则和最后手段原则，且应事先向检察机关申请调取令状，始得为之；对于权利影响程度较低的用户基本资料，可经侦查机关内部审批后调取。

第五，调取通信数据的监督。检察机关是法律监督机关，有权监督包括侦查机关调取通信数据在内的刑事诉讼活动的合法性，因此不宜设置单独的监督部门，不过澳大利亚联邦调查员在监督调取通信数据活动中的检查权、要求提供信息或回复问题权等对国家检察监督调查核实权具有一定的借鉴参考价值。当然，通信数据的保护是全程性的，除上述五个方面外，还应保障留存通信数据安全性、赋予留存义务主体补偿权和确保数据主体的知悉权等制度内容。

大数据时代，如何设置通信数据留存与调取制度以平衡维护国家安全、打击严重犯罪与隐私权保障两种价值是当前世界各国和地区共同面临的重要立法议题。澳大利亚 2015 年电信修正案确立的通信数据留存与调取制度，将留存数据的期限确立为 2 年、需留存通信数据范围和调取通信数据主体的不确定性、授权调取留存数据无须司法机关事前审查等制度设置，显然将天平倾向维护国家安全、打击严重犯罪，与逐渐加强通信数据保护的国际立法趋势不相符，因而受到澳大利亚社会各界的强烈批评。尽管如此，相对国家分散化、初步性的通信数据留存与调取的立法现状，澳大利亚通信数据留存与调取制度的经验与教训仍有不少正反面的启示。

第六章　英国情报部门大规模通信截取规制

2013 年，爱德华·斯诺登在曝光美国国家安全局实施的大规模情报监控计划时，声称英国的情况甚至比美国还糟。[1] 在美国国家安全局上游计划（Upstream programme）的一个分支 TEMPORA 之下，英国政府通信总部从 200 多条经由英国的通信光缆中截取大量通信数据长达 18 个月之久。"斯诺登事件"不仅激起了国际社会对情报部门权力控制和法律责任不足的广泛讨论，也为英国反思和检讨其大规模情报监控权提供了绝佳机会。继《2014 年数据留存和侦查权力法》[2] 这一紧急立法之后，2016 年英国颁布《侦查权力法》将

---

[1] E. MacAskill，J. Borger，N. Hopkins，GCHQ taps fibre-optic cables for secret access to world's communications，https://www.theguardian.com/uk/2013/jun/21/gchq-cables-secret-world-comm-unicationsnsa，2019 年 10 月 23 日访问。

[2] 2014 年 4 月 8 欧洲法院作出了一个数字化时代人权保障的指标性裁判——数字权利案。本案涉及《2006 年数据留存指令》的解释适用问题。该指令要求所有电信服务商留存个人或法人的通信数据 6-24 个月，从而为预防、侦查、起诉有组织犯罪、恐怖主义犯罪等严重犯罪提供便利。欧洲法院在本案中判决认定该指令违反《欧盟基本权利宪章》第 7 条、第 8 条的规定，进而宣告其无效。为回应数字权利案裁决，英国迅速于 2014 年 7 月 17 日颁布了过渡性的《数据留存和侦查权力法》。根据该法，内政大臣有权向电信服务商发出留存数据的通知，要求其留存《2009 年数据留存（欧盟指令）规则》附表所列的数据类型。留存期限可以设定在不超过 12 个月的任何期限，而不再是 12 个月的固定期限。该法还规定，内政大臣可制定规则以进一步明确通知的签发和内容、留存数据的保障措施、与留存数据相关的执法要求，以及制定实务守则，以便为通信数据留存、调取和使用提供详细的准则。同时，设置了该法于 2016 年 12 月 31 日废除的落日条款。

原来分散的大规模监控权（大规模设备干预、大规模通信截取、大规模通信数据调取、大规模个人数据查询）予以整合并强化对大规模监控权的监督制约。本章以英国情报部门大规模通信截取制度为例，分析该制度的基本内容、运行状况及存在的争议，以为各国相关制度构建提供参考。

第一节　英国情报部门大规模通信截取制度的基本内容

英国情报部门大规模截取通信最早可追溯至第一次世界大战期间截取国际有线通信系统传送的信息。《2000 年侦查权力规制法》首次对情报部门大规模通信截取予以规定，使其实施有法可依。《2016 年侦查权力法》在第 6 部分第 1 章用 22 个条文对该制度进行了详细的规定。该法颁布后不久的 2016 年 12 月 21 日欧洲法院做出了 Tele2/Watson 案判决，其要旨是：成员国政府当局调取电信服务商留存的通信数据的目的必须限定为打击严重刑事犯罪，且经过法院或独立的行政机关的事前审查。[1] 英国随后制定了《2018 年数据留存和调取规则》对《2016 年侦查权力法》进行修订，使其符合欧盟法律。下文根据经《2018 年数据留存和调取规则》修订后的《2016 年侦查权力法》对英国情报部门大规模通信截取制度进行分析。

[1] Xavier Tracol，The judgment of the Grand Chamber dated 21 December 2016 in the two joint Tele2 Sverige and Watson cases: The need for a harmonised legal framework on the retention of data at EU level，Computer Law & Security Review，2017（4）：541.

一、大规模通信截取的申请

根据《2016年侦查权力法》第138条规定，大规模通信截取令状只向情报部门提供。因此，申请大规模通信截取令状只能由以下人士或代表以下人士提出：安全局长、秘密情报局长和政府通信总部主任。申请提交前需经过提出申请部门内部的目的符合性、必要性和比例性审查。申请书（副本须由申请人保存）应包含以下信息：（1）申请的背景；（2）被截取的通信和（或）将从中获取次级数据的说明、可能需要提供协助的电信运营商的详细情况以及可行性评估；（3）授权行为的说明；（4）选择检查内容和次级数据的操作目的，以及进行检查对于实现操作目的必要性的解释；（5）在必要和适当的情况下，是否可以向任何其他安全和情报机构或国际伙伴提供根据令状截取的内容或次级数据的考量；（6）为何该行为被视为一项或多项法定目的所必需的解释，其中必须始终包括为何为了国家安全而必须进行截取的解释；（7）令状授权的行为为何与该行为所寻求实现的目标成比例的考量，以及为何所寻求实现的目标无法通过其他侵入性较小的手段合理实现的解释；（8）确保根据令状获得的材料仅在为令状上规定的一个或多个操作目的所需且满足该法第152条的情况下才可被选择用于检查；（9）确保被截取的所有内容和次级数据的保存时间不超过必要的时间，并按照该法第150节要求的保障措施进行处理。

二、大规模通信截取的授权

该法第138条将授权大规模通信截取令状的权力赋予内政大臣。内政大臣需对情报部门提出的申请进行如下审查：

第一，目的明确性。只有当内政大臣确信大规模通信截取令状的主要目的是截取与海外有关的通信和（或）从这些通信中获取次级数据时，才能签发该令状。

第二，必要性。内政大臣必须确信签发令状对于维护国家安全利益、预防或侦查严重犯罪、维护联合王国与国家安全有关的经济利益是有必要的；确信选择检查的内容和次级数据对于特定的操作目的是有必要的；确信检查截取的内容和次级数据对于令状所列的理由是有必要的。

第三，相称性。内政大臣必须确信令状授权的行为与该行为所寻求实现的目标是相称的。此时，内政大臣还必须考虑令状所寻求实现的目标是否可以通过其他侵入性较小的手段合理的实现。另外，如果令状的实施涉及英国岛外电信运营商的协助，在授权前，内政大臣需就令状执行的合理性、技术可行性、可能的成本等问题咨询相关电信运营商。

三、大规模通信截取的司法专员批准

在签发大规模通信截取令状之前，内政大臣的决定必须得到司法专员的批准。在审查时，司法专员适用与司法审查相同的原则，应足够谨慎，且遵守第 2 部分（与隐私有关的一般职责）规定的职责。司法专员还将在相关情况下，根据该法第 139 条，审查内政大臣在对影响海外经营者的许可证有额外要求的情况下考虑到的事项。根据该法第 235（2）条规定的调查和信息收集权，如果司法专员要求对令状申请作出澄清，则申请部门和授权部门有义务向司法专员提供必要的信息。如果司法专员拒绝批准签发令状的决定，其必须向内政大臣提出拒绝的书面理由。内政大臣可以接受该决定，不签发该令状；或者提交侦查权力专员决定是否批准签发令状的决定。

四、大规模通信截取令状的期限、修改和取消

第一，令状的期限。令状签发后其有效期限为 6 个月。在符合令状授权条件的情况下，经内政部长授权和司法专员批准，可更新 30 天期限。

第二，令状的修改。令状的内容可随时由签发人加以修改，以增加、更改或删除令状中规定的任何操作目的。增加或更改任何操作目的的修改被称为“重大修改”,其他修改被称为“微小修改”。“重大修改”只有在对于维护国家安全利益、预防或侦查严重犯罪、维护联合王国与国家安全有关的经济利益有必要的情况下由内政大臣提出。除紧急情况外，内政大臣作出“重大修改”的决定，须经司法专员批准,才具有效力。内政大臣在紧急情况下作出的“重大修改”必须通知司法专员，司法专员必须 3 日内作出是否批准的决定。如果司法专员拒绝批准，令状的效力如同没有修改，根据“重大修改”所实施的行为立即停止。“微小修改”可以由内政大臣或代表其行事的高级官员作出。

第三，令状的取消。内政大臣或代表其行事的高级官员可随时取消该令状。如果内政大臣或代表其行事的高级官员认为令状的目的符合性、必要性、相称性不存在，则此人必须取消该令状。令状取消后，获发令状的人必须在合理切实可行范围内确保根据令状作出的任何事情尽快停止。

五、使用或披露根据令状取得资料的限制

该法在第 150 条规定了与留存和披露材料有关的保障措施。根据该条的规定，内政大臣必须保证与令状有关的安排是有效的，从而确保以符合要求的方式截取令状所述的材料。内政大臣必须确保披露或以其他方式提供材料的人数和程度、材料的复制程度和份数被限制在授权目的所需的最低限度内，这些目的主要包括：为国家安全或第 138（2）条范围内的任何其他理由；协助内政大臣、苏格兰部长或收到令状的情报部门负责人履行本法规定的职能；促使司法专员或侦查权力专员履行本法规定的职能等。内政大臣所做的安排必须确保根据令状所获取的材料的副本以安全的方式保存。当材料副本不再有任何理由保留的情况下，必须立即销毁。只有当获取材料符合该法第 150 条第（2）（5）款及第 152 条的规定，内政大臣才能在其认为适合的范围向有关海外当局披露材料和副本。如果披露的材料可能用于英国以外的任何诉讼程序，则可能导致禁止披露。

六、检查根据令状取得材料的保障

为获得有价值的情报，检查根据令状取得的材料是必不可少的，但必须控制在合理的范围内。根据该法第 152 条的规定，只能为令状上规定的一个或多个操作目的选择获取的资料进行检查，且检查材料对于一个或多个操作目的是有必要的和相称的。如果情报部门选择当时已知的在英国岛内人员的通信内容进行检查，则必须根据该法第 2 部门的规定取得授权。一般会采用自动的系统选择检查的材料，在这个过程中有限的官员有权接触该系统和材料。选择材料

需由定期经过法律、操作程序和必要性、相称性要求培训且获得安全许可的授权人员进行。选择材料的过程必须进行记录和保存。选择材料进行检查的过程会进行定期的审计。任何错误或程序缺陷会及时反馈于管理人员，并采取补救措施。任何违反保障措施的行为都必须向侦查权力专员报告。内政大臣必须确保在根据大规模通信截取令状进行拦截之前，保障措施已经生效。侦查权力专员有责任审查保障措施的充分性。不仅如此，故意违反保障措施选取检查材料的行为将被追究刑事责任。

除此之外,《2016 年侦查权力法》还对电信运营商协助令状执行、技术能力通知、数据的安全、完整和系统处理、特权或机密信息保障、记录保存和错误报告、为确保诉讼公正的披露、投诉等内容作出了详细的规定。

第二节　英国情报部门大规模通信截取制度运行状况

自《2000 年侦查权力规制法》颁布实施以来，英国情报部门大规模通信截取制度运行已 20 载。因情报收集工作的秘密性，一直以来其运行状况可供参考的资料极少。近年来，随着情报部门民主归责的增强和情报工作透明度的提升，大规模通信截取制度运行状况的资料被有限的展现于众，下文笔者以 2016 年英国恐怖主义立法独立审查员向议会提交的《大规模权力审查报告》中的案例、通信截取专员和侦查权力专员年度报告等材料阐述该制度的运行状况。

一、大规模通信截取的规模

在恐怖主义威胁不断增加和新技术广泛运用的时代背景下，大规模通信截取对于情报工作的意义不言而喻，但情报部门使用大规模通信截取的规模有多大呢？英国政府通信总部在回应恐怖主义立法独立审查专员时称，政府通信总部不到一半的情报报告是基于大规模通信截取获得的数据。在反恐情报报告方面，这一数字上升到一半以上。这表明，大规模通信截取在情报收集特别是反恐情报收集中发挥着不可或缺的重要作用。更确切的数据，我们可以从通信截取专员、侦查权力专员（根据《2016 年侦查权力法》设立）年度报告中获悉（如表 7）。因公布授权大规模通信截取的数量可能损害国家安全，[1] 2014 年之前通信截取专员公开的年度报告中并不涉及这一具体数据。2014 年至 2017 年通信截取专员、侦查权力专员公开报告中虽涉及大规模通信截取授权的数量，但其与特定目标通信截取授权的公布方式不同，不是年度授权数量，而是年终有效令状的数量。直到 2018 年，侦查权力专员才开始公布当年签发大规模通信截取令状的具体数量。2018 年，四类大规模权力令状签发数分别为：大规模设备干预 6 个、大规模通信截取 16 个、大规模通信数据调取 1 个、大规模个人数据查询 43 个，大规模通信截取占 24.24%。此种趋势表明：

第一，英国情报部门使用大规模通信截取的比率较高，在四类大规模权力中占据显著地位。

---

[1] 2011 annual report of the Interception of Communications Commissioner，https://assets.publis-hing.service.gov.uk/government/uploads/system/uploads/attachment_data/file/229087/0496.pdf，2019 年 8 月 8 日访问。

第二，虽然大规模通信截取令状的绝对数比特定目标通信截取低得多，但其针对的是不特定的对象，其适用的频率仍较高。

第三，从侦查权力专员公布大规模通信截取令状的方式来看，受“斯诺登事件”的影响，《2016 年侦查权力法》实施后，英国大规模权力的监督制约、情报工作的民主归责和透明度明显得到了强化。

表 7　2013—2018 年大规模通信截取和特定目标通信截取令状数

年度	大规模通信截取令状数	特定目标通信截取令状数
2013[1]	-	2760 个
2014[2]	截止 2014 年 12 月 31 日有效令状 20 个	2795 个
2015[3]	截止 2015 年 12 月 31 日有效令状 22 个	3059 个
2016[4]	截止 2016 年 12 月 31 日有效令状 13 个	3007 个
2017[5]	截止 2017 年 12 月 31 日有效令状 21 个	3535 个
2018[6]	2018 年签发 16 个	3576 个

[1] Interception of Communications Commissioner: annual report 2013，https://assets.publishing.service.gov.uk/government/uploads/system/uploads/attachment_data/file/302597/InterceptionCommunicationsCommissionerPrint.pdf，2019 年 8 月 8 日访问。

[2] Interception of Communications Commissioner annual report 2014，https://assets.publishing.service.gov.uk/government/uploads/system/uploads/attachment_data/file/548075/IOCCO_Report_March_2015_Web_.pdf，2019 年 8 月 8 日访问。

[3] Report of the Interception of Communications Commissioner: annual report，2015，https://assets.publishing.service.gov.uk/government/uploads/system/uploads/attachment_data/file/552913/56850_HC_255_ICCO_Web_only.pdf，2019 年 8 月 8 日访问。

[4] Report of the Interception of Communications Commissioner: annual report，2015，https://assets.publishing.service.gov.uk/government/uploads/system/uploads/attachment_data/file/670219/IOCCO_annual_report_2016_2.PDF，2019 年 8 月 8 日访问。

[5] Annual Report of the Investigatory Powers Commissioner 2017，https://www.ipco.org.uk/docs/IPCO%20Annual%20Report%202017%20Web%20Accessible%20Version%2020190131.pdf，2019 年 8 月 8 日访问。

[6] Annual Report of the Investigatory Powers Commissioner 2018，https://ipco.org.uk/docs/IPCO%20Annual%20Report%202018%20final.pdf，2020 年 3 月 8 日访问。

二、大规模通信截取运用状况——基于案例的分析

2016年《大规模权力审查报告》涉及13个大规模通信截取的案例，[1]具体内容如下：

案例1：2015年，政府通信总部利用大规模通信截取获得的通信数据，搜索参与策划针对英国恐怖活动人员可能使用的手机号码。在识别出一个新号码后，政府通信总部进行了进一步分析，以确定其联系人，并使用其他“搜索关键词”进行搜索。结合根据大规模调取令状获得的数据进行分析，政府通信总部发现了一个作战小组。对通信内容和其他材料进行更有针对性的技术分析发现，该小组几乎完成了恐怖袭击的最后阶段。据此，警方在袭击发生前成功阻止了这一阴谋。

案例2：2009年，在捣毁一伙恐怖分子后，政府通信总部继续将调查该小组潜在的海外联系作为高度优先的事项。分析人员对大规模通信截取获得的次级数据进行复杂分析以探索指示行动计划的行为模式。随后，他们确定了一个与一名英国人有联系的电子邮件地址。对电子邮件内容和元数据的分析，发现了在英国的其他成员和袭击计划的细节。随后这名英国人与一些同伙一起被捕。

案例3：法国发生恐怖袭击后，政府通信总部利用大规模通信截取获得的次级数据和通信内容，识别情报和执法部门应优先调查的线索。袭击发生后的几天内，政府通信总部分拣了约1600个国际线索（电话号码、电子邮件地址或其他识别信息），以确定是否有进一步的袭击计划或袭击的可能性，并向军情五处和欧洲伙伴提供了

[1] Report of the bulk powers review，https://assets.publishing.service.gov.uk/government/uploa-ds/system/uploads/attachment_data/file/546925/56730_Cm9326_WEB.PDF，2019年10月15日访问。

正在识别的目标和优先调查线索。政府通信总部进一步分析发现了其他一些以叙利亚为基地涉嫌策划袭击西方国家的极端分子。

案例 4：在 2009—2010 年的一次行动中，政府通信总部利用大规模数据识别和监测基地组织一名高级领导人及其在中东国家的活动网。他们一直在策划袭击西方国家的阴谋，并极力隐藏他们的通信。通过对大规模通信截取获得数据的分析，确定了一名英国人的身份，其供述曾希望利用进入英国机场的机会发动恐怖袭击。经过调查，他被指控犯有恐怖主义罪。

案例 5：2013 年，政府通信总部通过对大规模通信截取获得次级数据的分析，发现了一个与一名涉嫌参与策划袭击西方国家的叙利亚极端分子有联系的电子邮件账户。对次级数据进一步分析显示，该账户的用户试图隐藏他的真实目的。通信内容分析显示，他正从叙利亚前往欧洲，准备袭击计划的下一阶段。这一信息被转交给他前往国家的政府，该国政府采取措施阻止了他的行动。

案例 6：阿富汗战争期间的一次行动中，政府通信总部为地面部队提供了全天候支持，以便找到并协助营救人质。对通过大规模通信截取获得的次级数据分析，政府通信总部收集到了有关武装组织的情报，随后更具针对性的技术分析，发现了该武装组织的意图。绑架发生后 72 小时内，人质就被找到。绑匪通信内容显示，人质生命垂危。随后首相授权英国部队进行营救并成功解救了人质。

案例 7：阿富汗战争期间，阿富汗南部的英国军队营地是塔利班的头号袭击目标。作为对军事行动和部队保护的一部分，政府通信总部利用大规模通信截取获得次级数据的分析，确定营地周边的移动设备及其与已知恐怖分子的联系。通过对截取的通信内容的分析，政府通信总部确定了该组织的多名成员，发现了袭击计划的细节。

根据这些信息，英国军队阻止几次有计划的袭击。

案例 8：政府通信总部利用大规模通信截取获得的通信数据发现了一个海外有组织犯罪团伙设置在英国国家重要计算机网络上特别复杂的恶意软件。通过对该恶意软件踪迹的分析，政府通信总部准确地了解攻击的规模和对英国造成的风险。对大规模数据进一步的分析,确定了犯罪分子用来设置和控制恶意软件的基础设施。随后，政府通信总部向用户发出警报，监控这些用户的网络防御，并帮助执法人员随后采取行动，逮捕了犯罪团伙成员。

案例 9：2016 年，政府通信总部利用大规模通信拦截获得的数据分析一家欧洲媒体公司遭到的重大网络攻击时发现，在英国大选期间，类似的网络攻击可能对英国构成迫在眉睫的威胁。政府通信总部严密部署以使政府网络免遭网络攻击，并向媒体介绍如何保护自己的网络。通过对大规模通信拦截获得数据的分析和国际伙伴的合作，防止了英国遭受类似于对那家欧洲公司的重大攻击。

案例 10：在一个网上儿童性剥削案中，一名嫌疑人为逃避侦查而匿名通信，尽管犯罪调查部门已经发现了其在线用户名，但注册用户名的信息无法使用常规侦查手段追踪其真实身份。政府通信总部将先进的分析技术应用于大规模通信截取获得的次级数据，很快发现了该人的在线活动及其与他人联系的细节。犯罪调查部门根据这些文件迅速获得了此人的真实姓名和地址，并将其逮捕。

案例 11：政府通信总部对大规模通信截取获得数据的分析发现，科威特有两个人利用社交媒体诱骗并强迫 100 多名儿童制作不雅图片，其中大部分在英国。在政府通信总部介入前，犯罪调查部门曾与社交媒体提供商合作，试图识别该账户的用户，并将用户位置缩小到中东，但无法确定该用户或所在国。政府通信总部对大规模通信截取获得的通信数据的分析发现，该用户在科威特，确定了他的身份，并发现另一个人也在为同一目的使用同一账户。两人随后被逮捕。

案例 12：2014 年 11 月至 2015 年 11 月期间，根据政府通信总部对大规模通信截取获得的通信数据的分析，执法部门成功的破获了从南美洲到欧洲的毒品运输案，扣押超过 11 吨可卡因。

案例 13：2015 年初，政府通信总部对大规模通信截取获得的次级数据进行分析，确定了一个参与向英国贩卖人口的有组织犯罪集团的主要成员使用的多种通信手段和个人行动的信息。执法人员根据这些信息展开调查，结果从有组织犯罪集团的控制下解救了一批被贩卖的妇女。

第一，大规模通信截取的效用。大规模通信截取是一项旨在获取海外情报，并据以识别对英国构成威胁的海外个人、团体和组织的制度。[1] 其可用于在已知的相关主体之间建立联系，增进对其行为、联系对象或可能使用通信方式的理解；搜索在调查过程中发现的尚不为人知主体的活动轨迹或识别可能表明对英国构成威胁的活动方式。[2] 从上述案例不难发现，大规模通信截取可被用于：一是识别。通过查询大规模通信截取获得的特定事件发生前几周甚至前几个月大量有关位置、联系方式、行动方式、账户等碎片化的数据，政府通信总部有能力识别该事件所涉的人员、掌控事件的发展状态。二是理解。面对海量加密数据，对大规模通信拦截获得数据的技术分析，

[1] Operational case for bulk powers，https://assets.publishing.service.gov.uk/government/uploa-ds/system/uploads/attachment_data/file/504187/Operational_Case_for_Bulk_Powers.pdf，2019 年 10 月 15 日访问。

[2] Interception of Communications Code of Practice，https://assets.publishing.service.gov.uk/government/uploads/system/uploads/attachment_data/file/715480/Interception_of_Communications_Code_of_Practice.pdf，2019 年 10 月 15 日访问。

政府通信总部可理解关于恐怖分子、犯罪分子或其他目标的计划和行动的情报，还可以发现未知的其他通信。三是采取行动。政府通信总部对大规模通信截取获得数据的分析结果是军情五处、犯罪调查总局等部门采取反恐调查、特工招募、打击严重犯罪等行动的重要支撑。

第二，大规模通信截取适用的情形。在立法上，大规模通信截取仅在对于维护国家安全利益、预防或侦查严重犯罪、维护联合王国与国家安全有关的经济利益有必要时才能实施。实践中，这些原则性的目的会以具体的适用情形呈现，例如，英国和海外的反恐行动（案例 1—5）、支持军事行动（案例 6—7）、网络防御（案例 8—9）、儿童性剥削（案例 10—11）和有组织犯罪（案例 12—13）。

第三，查询、分析的数据类型。通过大规模通信截取能够获得通信内容和次级数据。这两类数据通常发挥着不同的情报价值。通信内容能够直接反映具体事件和行动，不过其往往会被加密或被有意识的隐秘化；通过分析次级数据，可获悉具体对象的关系网、位置、联系方式、行动方式等信息。实践中，两类数据如何运用取决于具体案情。从表 2 所列案例来看，案例 4 和案例 8—13 仅选择对截取的次级数据进行检查；案例 1—3、5—7 涉及次级数据和通信内容的检查；在案例 6 和案例 7 中，通信内容是通过查询大量次级数据确定的相关电话或电子邮件地址后截获的。这表明，次级数据的使用频率要远高于通信内容，甚至可以说“大规模通信截取的首要价值不是为了读取通信内容”，上述案例没有一个例是单独基于对通信内容的分析即是明证，但通信内容的情报分析价值亦不可忽视，其对于揭示个人的意图和计划往往至关重要。

第四，采取替代措施的可能性。是否能以更小侵害的措施收集情报，决定着大规模通信截取令状签发的必要性。根据《大规模权力审查报告》的分析，案例 1 和案例 2 涉及利用大规模数据分析、挖掘恐怖袭击计划且没有其他任何线索，因此，大规模通信截取无法以其他措施替代。其他案例中，大规模通信截取存在着特定目标截取、大规模调取通信数据、人力情报、商业网络防御产品等可能的替代措施，但这些单独或组合而成的替代方案可能更无效率、成本更高、更具侵入性或者更可能危及生命，其所能达到的结果是无法与大规模通信截取比拟的。[1]

第三节　英国情报部门大规模通信截取制度的争议

受“斯诺登事件”的影响，英国《2016 年侦查权力法》将《2000 年侦查权力规制法》中“模糊”的大规模通信截取制度予以明确并强化对其监督制约，这无疑强化了情报部门的民主归责，增强情报权力的公众信任。但因情报部门大规模通信截取涉及不特定对象的海量数据收集、分析，《2016 年侦查权力法》引入的极具特色的“双锁审查”机制及与之相关的侦查权力专员、司法专员的独立性仍存在争议。

一、“双锁审查”机制的争议

普通法传统上，由政府大臣负责签发截取令状可追溯至 16 世

[1] Report of the bulk powers review，https://assets.publishing.service.gov.uk/government/uploa-ds/system/uploads/attachment_data/file/546925/56730_Cm9326_WEB.PDF，2019 年 11 月 15 日访问。

纪。《2000 年侦查权力规制法》延续这一传统，将大规模通信截取交由外交大臣审批。不过，行政审批模式因缺乏独立的、有效的司法制约，其人权保障的不足一直受到诟病，且与人权保障的国际实践背离。受“斯诺登事件”和欧洲法院、欧洲人权法院裁判的影响，《2016 年侦查权力法》创造性的引入“双锁审查”机制，以此强化对大规模通信截取的监督制约。尽管“双锁审查”机制试图提供事前的司法监督，但其缺陷却十分明显，可能影响控权功能的发挥。这与《2016 年侦查权力法》确立的司法专员审查方式有关。根据该法第 140 条（2）b 的规定，司法专员进行审查时“必须适用法院针对一项申请的司法审查原则”。而据英国司法机关网站的解释，司法审查是一种法院程序，在此程序中，法官对行政机构作出的决定或行动的合法性进行审查。换言之，司法审查是对作出决定方式而不是结论的对错的挑战，其并不真正关心这一过程的结论以及结论是否“正确”，只要遵循了正确的程序。法院不会以它认为正确的结论取代错误的结论。[1] 所以，司法专员在多大程度上能够发挥监督的功能，关键在于对司法审查原则的解释。对于该问题，在《2016 年侦查权力法》引入之初就存在着不确定性。有人主要根据内政部内政大臣诉 MB 案认为，该法所提及的司法审查是要求司法专员在其认为授权大规模通信截取的法定要素均得以满足的情况下独立作出决定。虽然这一论断极具吸引力，却存在着严重的问题。在 MB 案中，上诉法院认为，只有“法院自己对实施控制命令的要求是否得到满足作出独立评估”，才能满足《欧洲人权公约》的要求。在这个特殊的案件中，对实施控制命令的挑战涉及《欧洲人权公约》第 6 条，即授

[1] Judicial review，https://www.judiciary.uk/you-and-the-judiciary/judicial-review/，2020 年 2 月 15 日访问。

予控制命令的限制性足以使《欧洲人权公约》第 5 条第（4）款的程序要求在其刑事要素方面等同于《欧洲人权公约》第 6 条。但大规模通信截取授权并非实施控制命令。欧洲人权法院也从未确定《欧洲人权公约》第 6 条适用于针对通信截取的挑战。据此，司法专员在批准内政大臣的决定时，是根据司法审查原则关注内政大臣决定的合法性，而非结论的正确与否。《2016 年侦查权力法》只提供了司法专员的司法审查，而不是司法授权——这是两个根本不同的制度。[1] 正如有学者所言，《2016 年侦查权力法》并没有提供独立的令状程序，而是通过一个很小的程序变化，给行政人员的角色披上独立的外衣。[2]

二、侦查权力专员和司法专员独立性的争议

独立性是法官履行司法职责的必要条件，《2016 年侦查权力法》虽在大规模通信截取审查中引入司法因素，但是侦查权力专员和司法专员的独立性不无疑问。这表现在：

第一，侦查权力专员和司法专员的任命。在该法颁布之前，侦查权力专员和司法专员由首相任命的提议就受到通信截取专员办公室的质疑，其认为“这会影响侦查权力专员、司法专员独立性，削弱公众的信心”。不过，欧洲人权法院曾在 Sramek v. Austria 案中指出，由行政部门任命法官本身并不能使人怀疑法官的独立性和公正性，特别是在行政部门不能命令法官的情况下。因而，仅从该法规

[1] Lukia Nomikos，Are we sleepwalking into a surveillance society，Bristol Law Review，2017（4）：118.

[2] Paul F. Scott，Hybrid institutions in the national security constitution：The case of the Commissioners，Legal Studies，2019（39）：449.

定的由首相经大法官、英格兰和威尔士首席大法官、苏格兰最高法院院长和北爱尔兰首席大法官联合推荐并咨询苏格兰大臣后，从高等法院或更高级别法院的法官中任命侦查权力专员、司法专员（其需大法官、英格兰和威尔士首席大法官、苏格兰最高法院院长、北爱尔兰首席大法官和侦查权力专员联合推荐），并不足以断定侦查权力专员和司法专员独立性不足。但该法在第 234 条除规定了侦查权力专员须向首相提交年度报告外，还明确了首相可在其认为必要时要求侦查权力专员提交报告。不仅如此，首相还可在咨询侦查权力专员后以极为宽泛的理由决定删除报告中的部分内容。正如有学者批评的，在极端情况下，独立的监督部门应有权公布其认为公众所需知道的任何材料，然而，事实上首相才是这样一份报告所载信息的难以理解的把关人。[1] 这表明首相不仅有权向侦查权力专员发布命令，而且能够部分决定侦查权力专员提交报告的内容。如此一来，由首相任命侦查权力专员和司法专员，显然会影响侦查权力专员和司法专员的独立性。

第二，侦查权力专员和司法专员的任期。以终身制或长任期制确保法官任期稳定是司法独立性的重要保障。在英国，为确保法官独立，高级法院法官采终身制。《2016年侦查权力法》虽引入司法因素，但根据该法第 228 条（2）的规定，侦查权力专员和司法专员任期仅 3 年；即便任期届满，除特定情形外任期可更新 3 年，但更新并非法定的要求。虽然，较短的任期并不必然影响侦查权力专员和司法专员的独立性，但可能使侦查权力专员和司法专员的职业利益与涉及可能对其连任有决定性影响的政府或其他重要人员的案件中维护

[1] Phoebe Hirst，Mass surveillance in the age of terror：Bulk powers in the Investigatory Powers Act 2016，European Human Rights Law Review，2019（4）:413。

法律的职责相冲突，并可能会对侦查权力专员和司法专员的独立性造成风险。

第三，侦查权力专员和司法专员的薪酬、人员和设备设施。根据该法第 238 条（1）和（2）的规定，侦查权力专员和司法专员的薪水和开支由财政部掌管，人员、设备和设施由内政大臣掌控。这意味着侦查权力专员和司法专员的人、财、物均由行政部门控制，其独立的充分性难免令人怀疑。

第四，侦查权力专员和司法专员的利益冲突。根据该法第 227 条的规定，侦查权力专员本身即是一名司法专员，侦查权力专员和其他司法专员统称为司法专员。侦查权力专员不仅有权联合推荐司法专员，而且可以将职责委派给任何其他司法专员。这导致侦查权力专员与司法专员虽然有着不同的职能分工，却表现出一体化的特征，容易引起利益上的冲突。例如，侦查权力专员本就是司法专员，其向首相提交司法专员履职的年度报告，相当于是针对自己行为的报告；当其对各种监控措施进行审计、检查、调查时，可能直接或间接涉及自己的行为；当内政大臣不同意司法专员的决定而上诉至侦查权力专员时，其既是最终决定的做出者，也是该行为的审计、检查、调查者，还是报告的提交者。

当然，英国各界对于“双锁审查”机制及与之相关的侦查权力专员、司法专员独立性的疑义是客观存在的，然而，应该看到的是，在大规模通信截取审批过程中引入司法因素、增加一个审查主体，已使得英国情报归责在正确的方向上迈出了重要的一步。即便当前大规模通信截取的司法专员批准存在一定的掣肘，但必经增设一个审查主体就等于增加一个屏障，这对于增强人权保障、提升公众信任无疑是有利的。这些制度变革也得到了多方肯定。例如，英国高等法院在最近的裁决中指出，该法确实需要的是充分的、强有力的独立监督。在我们看来，侦查权力专员办公室现在满足这一要求。在英国政府看来，“双锁审查”机制对大规模通信截取的控制力度相较于其他一些西方国家更大。例如，法国大规模截取外国通信仅需总理授权；澳大利亚情报监控由部长授权，司法部门参与的程度有限；加拿大这一权力无需司法令状；新西兰非监控该国公民通信的情报监控无需司法参与。显然，“双锁审查”机制的司法参与程度明显高于法国、加拿大、澳大利亚、新西兰等国。该机制甚至被特雷莎·梅视为“世界上最严格的授权制度之一”。[1]

[1] Phoebe Hirst，Mass surveillance in the age of terror：Bulk powers in the Investigatory Powers Act 2016，European Human Rights Law Review，2019（4）:413。

第七章 英国情报资料向诉讼证据转化制度

在国家安全领域，情报至少具有两种功能：一是防控功能，即通过对收集的情报进行研判分析，以防范危害国家安全活动的发生；二是诉讼功能，即通过情报向诉讼证据的转化，实现危害国家安全犯罪的追诉。为回应“9·11”恐怖袭击事件和《联合国安理会第1373号决议》[1]的呼吁，现代国家和地区制定了广泛的新反恐法律以打击恐怖主义及其关联犯罪。[2]在此背景下，情报的诉讼功能日益凸

[1]该决议是2001年9月28日安全理事会第4385次会议通过的。该决议重申安全理事会1999年10月19日第1269（1999）号和2001年9月12日第1368(2001)号决议，又重申断然谴责2001年9月11日在纽约、华盛顿特区和宾夕法尼亚州发生的恐怖主义攻击，并表示决心防止一切此种行为，还重申这种行为，如同任何国际恐怖主义行为，对国际和平与安全构成威胁，再次申明《联合国宪章》所确认并经第1368(2001)号决议重申的单独或集体自卫的固有权利，重申必须根据《联合国宪章》以一切手段打击恐怖主义行为对国际和平与安全造成的威胁，深为关切在世界各地区，以不容忍或极端主义为动机的恐怖主义行为有所增加，呼吁各国紧急合作，防止和制止恐怖主义行为，包括通过加强合作和充分执行关于恐怖主义的各项国际公约，确认各国为补充国际合作，有必要在其领土内通过一切合法手段，采取更多措施，防止和制止资助和筹备任何恐怖主义行为，重申大会1970年10月的宣言(第2625(XXV)号决议)所确定并经安全理事1998年8月13日第1189(1998)号决议重申的原则，即每个国家都有义务不在另一国家组织、煽动、协助或参加恐怖主义行为，或默许在本国境内为犯下这种行为而进行有组织的活动。并呼吁所有国家根据《联合国宪章》第7章从7个方面采取行动。

[2]李哲、张一：“中英煽动恐怖主义犯罪比较”，载《国家检察官学院学报》，2016年第5期。

显。正如2006年英国内政大臣在向众议院所做的反恐战略报告中指出的:“刑事追诉现在是,将来也是我们对付恐怖分子、遏制恐怖活动的首选办法。”[1] 然而,由于人权保障和公平审判等现代刑事司法理念要求对证据可采性进行严格限制,且证据需在法庭上接受控辩双方的交叉询问,这极可能对情报的秘密性乃至国家安全构成威胁。[2] 因此,如何处理国家安全维护和被告权利保障之间紧张关系,遂成为在恐怖主义及其关联犯罪追诉中情报向诉讼证据转化的核心问题。为化解这一矛盾,英国创设了极具特色的秘密情报向诉讼证据转化制度。本章拟对英国秘密情报向诉讼证据转化制度的产生、发展、内容及其引发的争论进行深入研究,希冀对我国相关制度构建的有

[1] 倪春乐:“论反恐情报的证据转化”,载《中国人民公安大学学报(社会科学版)》,2012年第4期。

[2] 有学者认为,情报理想类型是基于情报生产者和消费者的价值观。情报的目的是识别安全风险和可疑联系,而不是犯罪行为和主观状态。情报是接受内部审核,而不是对抗式挑战和交叉询问那样的外部检视。保密是必不可少的,这既是为了保护情报来源和方法,也是履行对共享情报的其他机构的保密承诺。情报来源和方法的秘密性也意味着不可能知道信息取得的途径,即使所使用的方法可能会影响情报的可靠性。对通过第二或第三手来源取得信息的使用没有限制,这些信息往往来自未经证实的专家意见或依赖于不良品格或以往的不良行为信息的意见。情报机构唯一的任务是收集有关安全风险的信息,而不是收集出罪的证据。情报机构不受证据基本规则的约束,他们的信息处理的做法可能更类似于媒体经常使用的那些做法,通常依赖于传闻、不知是否可靠的信息来源、过去不良品格和不良行为的证据和那些不合格的专家的意见,而不是法院实践所接受的证据规则。情报理想类型是与对抗式刑事司法模式相联系,焦点是去证明犯罪行为和犯罪的主观状态。这种范式是基于公开审判的假设,追诉机关需要向被告方开示相关信息,特别是无罪、罪轻的证据。其关注可能与可采性相关的证据取得方式。相关性的范围可能因地域的差异而有所不同,但即使是没有权利法案的司法管辖区域也允许对非自愿的自白进行挑战。理论上,警察有义务象收集入罪证据一样收集出罪证据。另外,证据的理想类型假设仅有相关性和可靠性的证据能够被考虑。基于此,有诸多证据规则限制传闻证据、品格证据和不当取得证据的使用。需要建立专家证人制度,以正当化专家意见证据的可采性。所有的证据必须在公开法庭上提出,并接受控辩双方的交叉询问。所有证据必须根据规定的证明责任和证明标准来衡量。参见 Nicola Mc Garrity, Andrew Lynch, George Williams: The Eroding Distinction Between Intelligence and Evidence in Terrorism Investigations, Counter-Terrorism and Beyond, Abington: Routledge, 2010, p 48-68.

所借鉴。

第一节　英国秘密情报向诉讼证据转化制度的产生和发展

一、秘密情报向诉讼证据转化制度的产生

英国是唯一一个通过立法形式设立特殊程序将秘密情报向诉讼证据转化的欧洲国家。[1]该制度包括秘密听证程序和特别律师两项核心内容，即在没有当事人及其代理人参加的秘密听证程序中，由获得安全准入的特别律师和法官对秘密情报进行审查和检验。

为保护公民隐私，长期以来秘密听证一直是英国家事审判制度的重要内容，例如，英国高等法院家事法庭在审理涉及儿童监护和离婚问题案件中通常以秘密听证的形式进行，[2]然而，以秘密听证程序处理秘密情报则始于移民程序。当前，英国秘密情报向诉讼证据转化制度是1997年议会回应欧洲人权法院察哈尔案判决的结果。1997年之前，英国内政部长可以在考量所有相关材料的基础上以国家安全为由做出驱逐某个移民的决定。为便于内政部长做出决定，英国法律设置了专家咨询小组审查制度。该小组在充分审查不能向

[1] Didier Bigo, Sergio Carrera, Nicholas Hernanz, Amandine Scherrer，National security and secret evidence in legislation and before the courts: exploring the challenges，Study for the LIBE Committee, No.78. January 2015:7.

[2] John Sullivan，Closed Material Procedures and the Right to a Fair Trial，Maryland Journal of International Law, 2014（1）:273.

当事人及其代理人披露的可能威胁国家安全情报的基础上向内政部长提交是否应予驱逐的建议。因披露会危及国家安全，专家小组的建议无需向当事人及其代理人提供。当事人对于内政部长的决定没有上诉权。但这一移民驱逐程序是否符合《欧洲人权公约》和欧盟第64/221号指令的要求一直存在争论。终于，1996年欧洲人权法院在Chahal v. United Kingdom案中裁决该制度未为当事人提供《欧洲人权公约》第13条所要求的充分的程序保障。[1]

为回应欧洲人权法院的裁决，英国议会通过了《1997年特别移民上诉委员会法》。该法设置特别移民上诉委员会以审理涉及因国家安全利益逐出、要求离境或驱逐出境的上诉案件。在涉及秘密情报材料时，该法允许特别移民上诉委员会的首席法官将上诉人及其代理人排除在秘密听证程序之外，此时，该法允许指定特别律师对秘密情报材料进行质证和检验，但是特别律师无需对上诉人的利益负责。

二、秘密情报向诉讼证据转化制度适用范围的扩展

“9·11”恐怖袭击事件前，特别移民上诉委员会审理的案件极少。为有效预防和打击恐怖主义活动，“9 · 11”恐怖袭击事件后，内政部长宣称计划无限期拘禁那些被认为威胁英国国家安全的外国人，而且不再承认其难民地位，因可能遭受刑讯、不人道待遇，甚至是死刑，不将其遣返回国。[2] 内政部长的提议很快被作为法律条款引入

[1]《欧洲人权公约》第13条规定，在公民于公约中规定拥有的权利受到侵害时，必须要能够获得国家机关的有效救济。若公民无法有效地获得国内法院之救济，该国将违反公约所规定的此等义务，而公民可以就此对该国提起独立的诉讼。

[2] Alexander Horne.Special Advocates and Closed Material Procedures，http://researchbriefings.parliament.uk/ResearchBriefing/Summary/SN06285，2017年8月5日访问。

议会通过的《2001 年反恐怖主义、犯罪和安全法》。该法规定内政部长有权不经审判程序拘禁恐怖主义活动的嫌疑人。被拘禁的人可以上诉至特别移民上诉委员会。若决定拘禁嫌疑人的依据涉及秘密情报，内政部长则会启动秘密听证程序。此时，内政部长将通知总检察长，由其根据《1997 年特别移民上诉委员会法》为上诉人指定特别律师。特别律师仅代表上诉人维护其利益但不向他负责。实践中，特别律师可以接触内政部长向法庭提交的秘密情报，而且可以在法官审查这些证据时基于上诉人的利益提出代理意见，但其不能向上诉人及其代理人披露这些材料，也不能在听证之后与上诉人及其代理人讨论这些材料。由于上诉人被排除在秘密听证程序之外，特别律师也无法与上诉人交流，获得上诉人的指示。根据秘密听证程序，英国在贝尔马什监狱拘禁了许多恐怖主义活动嫌疑人。

2004 年 12 月 16 日英国上议院在 A and others v. Secretary of State for the Home Department 案中裁决政府部门拘禁恐怖主义嫌疑人程序违反《欧洲人权公约》的规定，导致议会颁布《2005 年预防恐怖主义法》废除《2001 年反恐怖主义，犯罪和安全法》规定的拘禁恐怖主义活动嫌疑人条款，以授予内政部长签发禁止恐怖主义活动嫌疑人携带某些物品或进行特定活动“禁止令”（control orders）的权力。虽然该法对秘密听证程序和特别律师制度的适用范围有所限缩，但影响该程序公正性的诸多问题并未得到解决。同时，该法将秘密听证程序和特别律师移植到英国高等法院。尽管《2011 年预防恐怖主义和侦查措施法》废除“禁止令”制度，但是秘密听证程序和特别律师制度得以保留用于处理此类案件。

2005 年英国宪法事务委员会出版了《特别移民上诉委员会和特别律师制度运作报告》对特别律师制度适用情况进行了分析。该报告认为：虽然特别律师制度的适用范围持续扩展，但是我们认为其仅应在涉及秘密情报的极其例外的情况下才能适用。另外，特别移民上诉委员会秘密听证程序证据开示的司法保护功能极其微弱。尽管如此，特别律师制度适用范围还是被极大的扩展，其中比较著名的案件是上议院裁决的 Roberts v. Parole Board 案。正义组织（非政府组织）认为该案表明秘密情报证据已遍及英国各地的法院和法庭。

2007 年英国人权联合委员会在经过一系列调查后发布《反恐政策与人权报告》。该报告对特别律师是否能够真正维护当事人的利益，以及秘密情报向诉讼证据转化制度的公正性持保留态度。报告进一步指出该制度的问题主要包括：不向当事人披露秘密情报、一旦特别律师接触秘密情报就禁止其与当事人进行交流以及证明标准较低。尽管人权联合委员会对秘密情报向诉讼证据转化制度进行谴责，但议会还是通过了《2008 年反恐法》，授权在涉及资助恐怖主义组织的案件中使用秘密听证程序。该法还允许某些上诉法院可以使用秘密听证程序，但未提及英国最高法院是否可以使用该程序。2013 年英国最高法院通过 Bank Mellat v. Her Majesty’s Treasury 案发展出其可根据《2008 年反恐法》使用秘密听证程序来审查下级法院在秘密听证程序中提交的秘密情报。秘密情报向诉讼证据转化制度的适用范围进而扩展到英国最高法院。

2010 年宾亚姆 · 穆罕穆德案允许前关塔那摩湾囚犯因受到残酷的、不人道的待遇而从英国政府获得赔偿。该案中，美国中央情报局提供的关键证据能够证明英国政府对囚犯不当对待的事实。虽然，英国政府坚持认为这些证据属于秘密情报并适用秘密听证程序，但因缺乏直接的法律依据，政府被迫在公开的法庭上披露这些文件。

作为本案的直接结果，英国议会通过《2013 年司法和安全法》将秘密情报向诉讼证据转化制度引入民事诉讼程序，从而避免在民事诉讼中披露威胁国家安全和外国盟友提供的秘密情报。[1]

第二节 英国秘密情报向诉讼证据转化制度的基本内容

英国秘密情报向诉讼证据转化制度主要由《1997 年特别移民上诉委员会法》以及根据《1997 年特别移民上诉委员会法》和《2001 年反恐怖主义、犯罪和安全法》制定的《2003 年特别移民上诉委员会（程序）规则》（以下简称《规则》）确立的（该《规则》经历了 2007 年、2013 年和 2015 年三次修改）。

一、特别律师制度

特别律师是英国秘密情报向诉讼证据转化的关键制度装置，其是由《1997 年特别移民上诉委员会法》引入。该法第 6 条规定，在特别移民上诉委员会的任何程序阶段，只要上诉人及其代理人被排除在程序之外，总检察长就可以为上诉人指定特别律师以维护上诉人的利益，但其不对其所代表的上诉人的利益负责。根据相关规定，英国特别律师制度主要内容包括：

[1] Didier Bigo, Sergio Carrera, Nicholas Hernanz, Amandine Scherrer.National Security and Secret Evidence in Legislation and before the Courts:Exploring the Challenges，www.europarl.europa.eu/RegData/etudes/STUD/2014/509991/IPOL_STU(2014)509991_EN.pdf，2017 年 7 月 21 日访问。

第一，特别律师的独立性和公正性保障。特别律师虽是由总检察长指定，但其并非政府的代言人，相反，特别律师需有独立性和公正性保障。特别律师一般从移民、刑事和人权等领域享有较高声誉的律师中选任，一些特别律师也有民事诉讼业务的经历。不过，国家安全和情报业务背景并非特别律师选任的必要条件。为防止名册固化，进而损及特别律师的独立性和公正性，选任机关尽可能地将具有不同专业背景和不同层次业务经历的出庭律师纳入名册（2013年特别律师名册有54名律师）。作为独立性保障，通常由一名资深律师和一名初级律师共同为上诉人辩护。一旦名册中的律师被总检察长指定为某个案件的特别律师，名册中的其他律师可能被问及，对该特别律师的指定是否适当以及该律师是否存在与本案公正性相冲突的利益。

第二，特别律师的安全性保障。为确保国家安全和情报秘密，在被选任为特别律师前，律师必须经过审查和评估，以确定其在接触秘密情报时的可信性。此种审查和评估通常是秘密进行的。审查的方式和信息来源均不会向被审查人透露。审查的内容一般包括被审查人的背景情况、财务状况、婚姻状况等非常私密的信息。

第三，特别律师的任命。根据《规则》第34条规定，除非不反对上诉或申请、不反对向上诉人披露任何材料，或者已经指定一名特别律师，否则，在收到上诉或申请通知书副本后，司法部长必须向相关法律官员提出任命特别律师的程序性告知。相关法律官员在接到告知后，可指定一名特别律师在特别上诉委员会听证程序中代表被上诉人的利益。如果特别移民上诉委员会听证程序被延期而上诉人未被指定特别律师，上诉人或司法部长随时可要求相关法律官员为其指定一名特别律师。

第四，特别律师的职责。根据《规则》第 35 条规定，特别律师的职责是代表上诉人的利益：在上诉人及其代理人被排除在外的任何程序中，向特别移民上诉委员会提交意见书；在任何听证程序中对证人进行交叉询问；向特别移民上诉委员会提交书面意见。总体而言，特别律师主要履行两项职责：一是检验政府部门所称秘密情报是否真的需要保密而不向上诉人及其代理人披露，因此，特别律师需要极力寻找秘密情报无须保密而应向上诉人及其代理人披露的证据。二是尽其所能保护其所代表当事人的利益。[1]

第五，特别律师与上诉人及其代理人的沟通交流。根据《规则》第 35 条规定，在内政部长向特别律师提供秘密情报之前，特别律师可以与上诉人或其代理人进行沟通交流，而一旦特别律师收到秘密情报，即不得就程序有关的任何事项与任何人进行沟通。如果特别律师希望与上诉人或其代理人或其他任何人进行沟通交流，须获得特别移民上诉委员会的授权，且事先须通知内政部长。内政部长有权反对进行沟通交流或是沟通交流的方式。然而，《规则》并不禁止上诉人与特别律师沟通，不过这种交流只能经由代理人并以书面的形式进行。且特别律师对沟通交流的回复必须符合特别移民上诉委员会的指导性要求。

二、秘密听证程序

一旦涉及秘密情报就要适用秘密听证程序，不过，其仅是整个案件处理程序的一个部分，换言之，不涉及秘密情报的案件其他部

[1] Adam Tomkins，Justice and Security in the United Kingdom，Israel Law Review, 2013 (3):313.

分仍需要公开。《1997 年特别移民上诉委员会法》第 5 条赋予首席大法官制定特别移民上诉委员会程序规则，特别是可规定特别移民上诉委员会的程序进行，无须告知上诉人决定上诉理由的全部详情，可规定特别上诉委员会的程序可在包括上诉人及其代理人在内的任何人缺席的情况下进行。然而，在这个情况下，应有具体条款规定特别移民上诉委员会向缺席的上诉人提供的证据概要。首席大法官制定的这些规则应确保上诉的决定得到有效的审查以及危及公众利益的秘密情报不被披露。《规则》对秘密听证程序做出了更为详细的规定，主要包括以下内容：

第一，秘密情报。根据《规则》第 4 条规定，特别移民上诉委员会行使其职能时应确保信息的披露不违背国家安全的利益，不危及英国的国际关系，不影响犯罪的预防和侦查或者不损害社会公共利益。如果相关程序涉及上述信息，特别移民上诉委员会可能会要求保密。根据《规则》第 10 条的规定，如果内政部长反对上诉，他必须向委员会提供一份其反对上诉及其辩解所依赖的证据的说明。同时，将此说明的副本提交给上诉人。如果内政部长拒绝向上诉人或其代理人披露此份说明，则会有《规则》第 37 条的适用。《规则》第 37 条特别重要，因为它提供了秘密情报的定义。根据该条，秘密情报指的是那些内政部长希望在特别移民上诉委员会的任何程序阶段使用而反对向上诉人或其代理人披露的材料。如果内政部长打算使用秘密情报，需有特别律师被指定以代表上诉人的利益。在内政部长希望使用秘密情报和特别律师已经指定的情况下，内政部长必须向特别移民上诉委员会和特别律师提供秘密情报的副本、其反对披露材料理由的说明等材料。如果和在某种程度上不披露信息将违背公共利益，则可向上诉人提供无须保密的秘密情报概要。

此时，特别律师一项重要职能就是仔细对政府部门所称的秘密情报进行检查以争论材料分类的合法性。有时特殊律师仅通过简单的互联网搜索就可发现政府部门强烈要求保密的信息已经在公共领域开放了。因此，花费大量时间将政府部门所称的秘密情报与已经公开的信息进行交叉比对似乎是必不可少的，其目的是加强对被排除在听证程序之外的上诉人及其代理人的信息披露。

第二，反对披露材料的审查。根据《规则》第 38 条的规定，如果内政部长根据《规则》第 35 条第 5 款（b）或第 37 条反对披露某些材料，特别移民上诉委员会必须根据本规则决定是否支持内政部长的主张。除非特别律师告知委员会其不质疑内政部长的主张、先前已就相同材料举行过听审或内政部长与特别律师同意委员会不就此问题举行言词听证，那么，特别移民上诉委员会需召集由内政部长和特别律师参加的听审以听取双方的口头陈述，当然，上诉人及其代理人不能参加听审。若特别律师不质疑内政部长的主张，其必须在接到内政部长不披露相关材料说明的副本后 14 日内向委员会提交不质疑的告知。在听证程序开始之前，内政部长和特别律师需向委员会提交写明争议焦点、简要理由以及解决争议建议的书面材料。经过听审，委员会必须做出支持或否决内政部长主张的决定。如果委员会认为披露材料会损害公共利益，则支持内政部长的主张。在这种情况下，委员会必须评估是否应向上诉人提交非保密的秘密情报概要，并向内政部长做出提交相关材料的指示。如果内政部长选择不再使用相关材料，则无须向上诉人提交材料。

第三，上诉案件审理中的秘密听审。涉及秘密情报的上诉案件审理程序由秘密听审和公开听审两部分组成。首先进行的是公开听审。这一阶段上诉人及其代理人需要参加，特别律师也要在场。与公开听审不同，秘密听审只有内政部长和特别律师才能参加，其基本要求是信息的保密。秘密听审中特别律师的角色是由《规则》第35条规定的，即通过向特别移民上诉委员会提交书面、口头的说明、提交证据、交叉询问证人的形式维护上诉人的利益。实践中，特别律师的角色是极力挑战政府的主张。例如，通过进行法庭辩论质疑政府所提交证据的可采性和可信性，辨别证人证言的不一致性，并基于政府所提交的证据做出有利于上诉人的辩论。某些情况下，通过查询、比对，特别律师能够揭示不同案件中政府主张的差异性，例如，某些信息政府在一个案件中主张其是机密，而在另一个案件中则不是。

第四，秘密听审的裁判文书。经过上诉审理，特别移民上诉委员会需做出相关判决。判决书一般是公开的。然而，当披露某些敏感信息将威胁到国家安全时，判决书的部分理由可不向上诉人及其代理人公开。《规则》第47条规定，委员会必须向双方当事人提供包含决定结果及其理由的判决书。如果判决书不包括做出决定所依赖的全部理由，特别移民上诉委员会必须向内政部长和特别律师提供包括这些理由的单独文书。

不难发现，英国通过立法明确规定秘密情报向诉讼证据转化制度，一方面，通过秘密听证、安全准入等制度设置确保情报诉讼证据转化的秘密性，另一方面，为上诉人指定特别律师与政府部门形成对抗，挑战其诉讼主张，极力保障上诉人的诉讼权利、维系对抗制司法传统。

第三节　英国秘密情报向诉讼证据转化制度的争议

在英国，秘密情报向诉讼证据转化制度及其扩展适用引致恐怖主义及其关联犯罪追诉与被追诉人基本权利保障、司法公开和对抗制诉讼程序基本原则的诸多争议：

一、上诉人自由选择辩护人权利受到限制

自由选择辩护人既是公民自由权的体现，也是平等武装这一公正审判权核心要素的基本要求。[1] 由于被告人辩护能力存在天然的缺陷，英国法赋予被告人自由聘请辩护人的权利以及在其无力聘请辩护人时获得指定辩护人的权利。当然，后一种情况由国家为被告人指定辩护人并非是对其自由聘请辩护人权利的否定，反而是维护平等武装的必然要求。然而，在秘密听证程序中，由总检察长为上诉人指定特别律师的性质就有所不同，有学者质疑认为，为上诉人指定特别律师不是因其不愿意聘请律师（许多案件上诉人甚至已经聘请了律师），也并非上诉人无力聘请律师（例如，在 Bank Mellat 案中作为跨国银行其不可能无力聘请辩护人），而是因特殊目的设置特

---

[1] 例如，《欧洲人权公约》第 6 条规定，凡受刑事罪的控告者具有下列最低限度的权利：（甲）立即以他所能了解的语文并详细地告以他被控的性质和原因；（乙）为准备辩护，应有适当的时间和便利；（丙）由他本人或由他自己选择的法律协助为自己进行辩护，或如果他无力支付法律协助的费用，则为公平的利益所要求时，可予免费；（丁）讯问不利于他的证人，并在与不利于他的证人相同的条件下，使有利于他的证人出庭受讯；（戊）如果他不懂或不会讲法院所使用的语文，可以请求免费的译员协助。

别程序将上诉人及其代理人屏蔽于特定程序之外，这显然与上诉人自由选择辩护人权利相悖。[1]

二、侵犯上诉人知悉证据并对证据进行质证的权利

被告人知悉对其指控的证据，进而为诉讼进行充分的准备，并对控方提出的对其不利的证据进行质证，是植根于公正审判原则的核心权利。在秘密听证程序中，政府部门不向上诉人披露对其不利的秘密情报，上诉人根本无从得知这些材料，也不能在听证程序中对这些材料进行质证。虽然，特别律师可为被告的利益对秘密情报提出意见、进行质证，但因其不能就相关证据与上诉人进行充分的交流讨论，获得上诉人的指示，其质证的能力受到严重的限制。特别律师通常只能检验政府部门所提交证据不一致之处，或者证据是否能够支持其指控，而无法对证据的真实性、合法性进行挑战。相似的情形是，在公开听审部分，由于上诉人及其代理人不知道有什么证据可以反驳，导致不能充分陈述上诉人的案件情况。[2] 因此，在秘密听证程序中，上诉人知悉证据并对证据进行质证的权利有被剥夺之虞。

三、违背审判公开原则

英国法谚有云“正义不仅要实现，而且要以看得见的方式实现”。

---

[1] Equal Human Rights Commission，Article 6: The Right to a Fair Tria，http://www.equality-hu-manrights.com/uploaded_files/humanrights/hrr_article_6.pdf，2017 年 7 月 15 日访问。

[2] Amnesty International，Left in the Dark：the Use of Secret Evidence in the United Kingdom，http://www.amnesty.org/en/library/asset/EUR45/014/2012/en/546a2059-db83-4888-93ba-8b90cc32a2de/eur450142012en.pdf，2017 年 7 月 20 日访问。

作为一般原则，英国司法制度要求审判过程必须公开。在英国人看来，如果法院的所作所为无法隐藏而为公众所知悉，这将为防止司法独断专行提供保障，并维持公众对司法的信心。审判公开一般包括庭审过程公开和裁判结果公开。虽然，英国法也为审判公开设置国家秘密的例外，即在涉及国家秘密的案件审理时可进行秘密听审，而将公众（而非案件的当事人及其代理人）排除在听审之外。基于向公众披露秘密情报可能对正在进行的侦查活动、国家安全机关预防恐怖活动的能力产生严重的负面影响，亦可能暴露情报来源，危及情报人员或情报提供人员的生命安全，秘密听审程序不向公众公开符合英国法审判公开的精神，但其将案件的当事人及其代理人排除在听审程序之外显然超出审判公开的要求，这必然导致秘密情报向诉讼证据转化制度民主控制的弱化。另外，在秘密听证程序中，法院可以秘密地做出裁判，当事人仅能获知判决的结果，而无法得到对其不利判决的全部理由。如此一来，当事人根本无从得知为什么、基于何种理由被判败诉，也无从评判是否需要寻求进一步的司法救济。被排除在秘密听证程序之外的当事人难免会充满怨恨、困惑、愤怒，进而对程序和结果的公正性产生怀疑。

四、特别律师挑战政府案件能力的不足

特别律师制度设置的重要功能就在于在秘密听证程序中通过检验秘密情报，维护当事人的利益。然而，在秘密听证程序中，特别律师挑战政府案件的能力往往受到质疑，原因在于：

第一，特别律师与当事人交流受到严重的限制。与当事人充分沟通、交流是律师履行职责的重要保障。但在秘密听证程序中，仅

在初始阶段，特别律师可以与当事人进行沟通，一旦特别律师收到秘密情报，就不得与任何人沟通与程序有关的任何事项。[1] 这被认为是对传统的公平审判标准最显著的背离，清楚地反映了政府对秘密情报可能被疏忽大意泄露的担忧。

第二，政府部门所提供材料的误导性。在秘密听证程序中，政府部门必须向特别律师提供秘密情报的副本，然而这些副本的真实性往往存在疑问。例如，有时特殊律师收到对话录音转录的完整文字版，有时只能收到安全部门准备的摘要。在后一种情况下，特殊律师往往担心政府部门根据需要选择性提供秘密情报信息。此外，这些摘要可能充斥着二手的，甚至是第七、第八手对当事人不利的对话，但情报来源并不向特别律师提供。一旦特殊律师希望获得对话的完整记录，其不得不接受可信度测试。这意味着，特殊律师通常被指定基于偏颇的信息来履行其职责。基于此，有特别律师认为，秘密听证程序与通常所理解的英国司法体系中的传统对抗制司法完全格格不入。

尽管秘密情报向诉讼证据转化制度及其实践运作存在诸多问题和多方质疑，但也得到极大的肯认。政府部门认为，该制度迎合了英国追诉恐怖主义及关联犯罪的现实需求，同时也符合公正审判的基本要求。《2013 年司法与安全法》颁布时司法部长凯恩·克拉克认为:“该法力求找到改善现行制度安排同时维护政府对法治承诺的解决办法。我们迫切需要一个框架，使得法院能够审查不能在公开法庭披露的过于敏感的材料，但这也将保护构成公正审判的基本要素。”英国国家安全部门公开支持该法案，认为它有可能将以前因安

[1] Martin Chamberlain, Special Advocates and Procedural Fairness in Closed Proceedings, Civil Justice Quarterly, 2009 (3): 314.

全原因而被拒绝的案件得以顺利追诉。一些情报官员认为，秘密情报向诉讼证据转化制度将改善情报界的问责机制。也有的学者认为，英国秘密情报向诉讼证据转化制度注重在控、审之外引入辩护力量，虽然特别律师的辩护手段和方法受到诸多限制，但有特别律师代表辩方利益，强化了程序的对抗性和总体的公正性。[1]更为重要的是，法院认为该制度符合《欧洲人权公约》第6条公正审判的基本要求。在 A and others v. United Kingdom 和 Secretary of State for the Home Department v. AF 两个标志性案例中，法院认为该制度符合为受指控的当事人提供对其指控的充分信息使其能够就指控做出有效指示的要求。正如菲利普斯勋爵在后一个案件中所言的："满足这一要求即被认为符合公正审判的要求，即使未向受指控的当事人提供指控所依据的证据的细节或来源。"[2]

在恐怖袭击事件频发和反恐形势日益严峻的当今世界，越来越多的国家和地区开始将秘密情报引入对恐怖主义及关联犯罪的追诉。鉴于反恐的现实需要，英国以对抗制诉讼模式为基础构建起极具特色的秘密情报向诉讼证据转化制度。该制度一方面突显与公正审判原则的冲突，甚至引发权力分离、民主控制等问题，进而受到多方质疑；另一方面，与情报界未来的改变以及提供何种秘密情报以供法院审查等重要问题密切关联。毋庸置疑，该制度在英国的实践运作及其引致的争议会为世界其他国家和地区相关制度的构建提供丰富的养分。

[1] Mike Redmayne，Criminal Justice Act 2003: (1) Disclosure and its discontents，Criminal Law Review，2004（June）：455.

[2] Martin Chamberlain，Special Advocates and Procedural Fairness in Closed Proceedings，Civil Justice Quarterly，2009（3）：316.

第八章　情报监控中通信运营商的权利义务

信息化时代，利用高科技进行监控，收集情报信息，已成为维护国家安全不可或缺的利器。鉴于情报监控可能干涉公民基本权利，现代国家无不通过立法明确规定情报部门实施监控的实体要件和程序要件。然而，情报监控除关涉国家情报部门与被监控对象之间的法律关系外，亦涉及国家与第三方——即通信运营商——之间的法律关系。这是因为通信服务依赖于光缆、基站、设备等基础设施，若离开通信运营商必要的协助，情报监控几无实施的可能。鉴于此，通过立法课予通信运营商留存、披露信息、协助监控等义务几乎成为现代国家一致的立法选择。然而，在市场经济条件下，通信运营商基本是自主运营、自负盈亏的民事法律主体，课予通信运营商积极配合、消极忍受情报监控的义务，难免干预其营业自由权、财产权等权利。因而，如何在立法上设置通信运营商的权利义务，以在国家安全维护与通信运营商权利保障之间取得平衡，无疑是现代国家和地区情报监控法制不可忽视的重要论题。

本章从比较法和法理视角对美国和德国情报监控中通信运营商的权利义务问题进行探研，以期对国家相关制度的完善有所裨益。

第一节　情报监控中通信运营商权利义务的比较考察

基于基本权利干涉的法治原则，现代国家通常在法律上对情报监控中通信运营商的权利义务进行明确的规定。通信运营商的法律地位是以其享有的权利与承担的义务体现的。下文笔者以美国和德国为例，对其相关立法中通信运营商权利义务进行全面考察分析。

一、美国情报监控中通信运营商的权利义务

美国规范情报监控的法律规范主要是《涉外情报监控法》，其制定于 1978 年，后经历多次修改。[1] 该法第 1802 节和第 1842 节对情报监控中通信运营商权利义务进行了详细的规定。

1. 通信运营商的义务。该法第 1802 节 a 小节（4）规定，对于依据本小节的规定批准实施的电子监控，司法部长可以要求某一特定的公用电信运营商实施下列行为：（1）提供所有的信息、设施或者完成该电子监控所必需的技术协助，但是，电信运营商提供协助的方式应当保守其秘密并且应当对其正在向客户提供的服务造成的干扰最小化。（2）采取司法部长和国家情报总监批准的安全规程来保管与该监控相关的任何记录或者电信运营商希望予以留存的

[1]《涉外情报监控法》的修改情况可参见第二章的相关论述。

关于它所提供的帮助的相关记录。[1] 第 1842 节（为获取涉外情报和调查国际恐怖主义活动，安装、使用通信记录器和通信追踪装置）(d) 小节规定，法院在签发命令时，应当对命令的执行做出如下指示：(1) 有线或电子通信服务运营商应当根据申请人的要求，向申请人提供任何必要的信息、设施以及必要的技术协助，以便使通信记录器和通信追踪装置的安装和使用能够得以顺利完成。提供的方式应当保守秘密并且应当尽量减少对这些运营商正在向相关对象提供的服务的干扰。(2) 通信服务运营商应当对调查活动的存在或者安装了通信记录器或通信追踪装置这一事实保密，禁止向任何人披露，除非直到法庭签发了解除命令；可以保留与安装和使用通信记录器或通信追踪装置相关的任何记录或者他们所提供的帮助信息，但是这种保留应当置于司法部长和国家情报总监依据本法第 1805 节 (c) 小节第 (2) 段 (c) 小段之规定批准的安全规程之下。[2] 根据上述规定，通信运营商被课予披露信息[3]、提供设备和监控所必要技术和保守秘密的义务。

2. 通信运营商的权利。(1) 获得补偿权。通信运营商根据第 1802 节 a 小节 (4) 规定履行义务的，联邦政府应当按照市场通行的主流价格对电信运营商在电子监控实施过程中所提供的协助进行补

[1] 刘涛：《美国涉外情报监控法及涉外情报监控法院诉讼规则》，北京：中国人民公安大学出版社，2011 年版，第 39—40 页。

[2] 刘涛：《美国涉外情报监控法及涉外情报监控法院诉讼规则》，北京：中国人民公安大学出版社，2011 年版，第 84—89 页。

[3] 根据斯诺登公布的证据和美国互联网公司“坦白”的材料，在 2012 年下半年，美国联邦、州及各级地方政府要求 Facebook 公司提供用户信息的次数多达 10000 次。这些资料信息涉及 1.8 万至 1.9 万名用户；在 2011 年下半年，美国各级政府部门曾向微软索要用户资料达 6000 多次，涉及 3.2 万个用户资料。参见“棱镜门笼罩中国：美国科技公司八大金刚垄断中国关键基础设施”，www.guancha.cn/Science/2013_07_08_156707.shtml，2017 年 5 月 22 日访问。

偿。根据第 1842 节（d）小节的规定，对于通信服务运营商在提供调查所需的信息、设施或技术协助的过程中遭受的损失，申请人应当对这些提供服务的运营商予以合理的补偿。（2）诉讼豁免权。根据 1842 节（f）小节，对于依据 1842 节（d）小节的规定并且遵照依据本节之规定签发的命令中所规定的条件提供了信息、设施、技术帮助的电子通信运营商，禁止在任何法庭将其行为作为诉讼理由针对这些人提起法律诉讼。

二、德国情报监控中通信运营商的权利义务

德国通信运营商情报监控中的权利义务主要由《限制书信、邮件及电信秘密法》（又称 G10 法）和《电信法》规范。

1. 通信运营商的义务。

第一，提供资料或物品的义务。根据《限制书信、邮件及电信秘密法》第 2 条（1）规定，电信业者或其协助人员，应依权责机关之命令，提供命令生效后所发生电信通信之详细资讯，及交付电信通信途径上的传递物。据此，通信运营商根据权责机关的命令不仅有义务提供电信通信往来的详细资讯，而且有义务交付电信通信途径上的传递物。

第二，行为协助和设备设置义务。根据《限制书信、邮件及电信秘密法》第 2 条（1）规定，电信业者或其协助人员应促成电信通信之监听及记录。联邦宪法保护法第 8 条 a 第 2 项第 3、4 款、国家情报局法第 4 条 a 与联邦情报局法第 2 条 a 不受影响。依第 3 句负有义务者，监听措施技术上及组织上是否完备，以及应具备之程度等，依《电信法》110 条以及依该法授权订定之法规命令为之。根据《电

信法》第 110 条第 1 款规定，任何以公开形式提供电信服务的电信系统运营主体应当：从运营电信系统开始，以自费的方式提供法律规定的技术设施来执行通信协助监控措施，并且应为执行监控做好安排，不得无故拖延。允许管理机构在其给定的特殊要求下，免费重新检查运营商的技术设施和相关的组织实施情况；并且允许在其经营场所安装和运营根据第 10 号法案第 5 节和第 8 节规定的用以实施通信监控技术措施的设备，并且要求办公室工作人员对该技术措施负责，允许 G10 委员会的成员和工作人员访问这些设备，以履行其法定职能。

第三，保密义务。根据《限制书信、邮件及电信秘密法》第 2 条（2）规定，依（1）第 1 句或第 3 句负有义务者，在实施监控措施前，应告知受委托执行监控措施者该法第 17 条通知禁止义务及第 18 条违反的可罚性。根据第 17 条规定，依据本法实施的监控，电信业者及其协助人员不得将此情形通知他人。第 18 条规定，违反第 17 条之规定而为通知者，处 2 年以下有期徒刑并处罚金。根据《电信法》第 110 条第 8 款规定，电信运营商有义务根据《刑事诉讼法》第 100a 节和第 100b 节的规定做好准备，使管理机构能免费使用，并依据这些规定进行监控数据的年度统计。根据条例第 2 条的规定制作的年度统计报告应当详细。运营商不得向第三方披露该年度统计数据。管理机构应当对这些数据进行汇总，并且在其年度报告中予以公布。

2. 通信运营商的权利。根据《限制书信、邮件及电信秘密法》第 22 条的规定，第 1 条第 1 项权责机关，对第 2 条第 1 项义务机关之履行，在下列范围内，应于补偿:（b）依《电信法》第 110 条第 9 项授权订定之法规命令之通信监督措施。根据《电信法》第 110 条第 9 款的规定，对于通信运营商提供协助监控服务所产生的费用，联邦政府有权根据具有法律效力的条例做出安排，要求德国联邦议院和德国联邦参议院同意进行适当的补偿。根据上述规定，通信运营商因提供协助而享有获得补偿的权利。

第二节　情报监控中通信运营商权利义务设置的法理分析

在情报监控中，存在着“国家——通信运营商——通信参与人”三方关系，[1] 作为自主经营、自负盈亏的民事法律主体，一个国家通过立法课予通信运营商积极配合、消极忍受情报监控的义务，无疑会对其基本权利构成干预，但此种干预的正当化理由何在呢？

一、课予通信运营商相关义务与基本权利的干预

1. 对营业自由权的干涉。营业自由，首先是经济领域中的一个术语。[2] 在法律意义上，营业自由权是指民事主体依据其偏好和意愿，在不损及他人权益、不违反公共利益的情形下，基于平等的营业机

[1] 詹镇荣：“基本权各论基础讲座（5）：秘密通信自由”，载《法学讲座》，2003 年第 9 期。

[2] 从字面上看，营业可以被理解为“为求营利所从事之行业”。从比较法的角度，营业是指具有社会价值的，得到法律允许的，以营利为目的，长期的而不是偶尔从事的独立经营活动。营业活动应该符合以下四点要求：（1）法律允许的活动。在我国，营业活动不仅必须合法，同时还应当符合“公序良俗”。（2）长期或持续的经营活动。营业活动不是偶一为之的，但这并不意味着营业完全不能中断。阶段性的、季节性的营业，也是被容许的。（4）以营利为目的。至于实际上能否营利，不影响对行为性质的认定。（4）独立从业。参见宋华琳：“营业自由及其限制——以药店距离限制事件为楔子”，载《华东政法大学学报》，2008 年第 2 期。

会，自主选择特定产业领域或者商事事项，自主决定开业、停业及营业时间、地点、对象及以方式从事经营活动的权利。[1] 营业自由体现了个人和团体在经济领域的发展空间，是推动现代社会经济发展的不可或缺的因素。对于法人而言，营业自由权包括企业设立的自由、企业领导的自由、营业时间、地点与方式确定的自由、投资自由、广告自由、缔约自由以及市场竞争自由等。为保障自由权和维护公平竞争的市场经济环境，现代国家和地区多将营业自由权上升为宪法权利予以保障。[2] 例如，德国《宪法》第 12 条明确规定了职业自由权，即“所有德国人均有自由选择职业、工作岗位和培训场所的权利”，但该条文未明确营业自由。随着公民和法人对营业自由保护诉求的不断提升，德国通过法官解释逐渐将营业自由从职业选择自由权中分化出来，成为职业选择自由的组成部分。在美国，营业自由被视为公民自由的最根本的部分。

一般而言，营业自由包括营业进入与退出的自由、可以选择任何法律允许范围内的行业，进行自由营业、经营决策的自由和政府对于营业自由的救济四项权能。[3] 从其内涵与外延来看，通过立法课

---

[1] 刘文娟：“论宪法上的营业自由权及其限制与反限制”，中国政法大学硕士论文 2009 年。

[2] 营业自由权在各国宪法上的表现形式大致有四种，第一种是直接规定的方式，但这种方式并不多见；第二种方式是自由权吸收方式，典型的如美国，1791 年宪法修正案第 5 条规定：“未经正当法律程序，不得剥夺生命、自由或财产；人民私有产业，如无合理赔偿，不得被征收为公用”。1868 年第 14 修正案规定，未经正当法律程序不得剥夺任何人的生命、自由与财产，不得对任何人拒绝提供平等的法律保护。观念上，营业自由已经内化于一般自由权、契约自由，以上两个条款，是法院审查涉及营业自由的立法时最经常引用的宪法条文；第三种方式是职业选择自由吸收方式，如德国、日本，前面已经论述过，宪法只规定了职业选择自由，营业自由被法官们解读为职业选择自由的特殊形式；第四种方式是经济（财产）自由吸收方式，将营业自由视为宪法所保护的经济（财产）自由的题中应有之义，典型的国家有吉尔吉斯斯坦，《吉尔吉斯斯坦宪法》（1993 年）第 16 条列举了公民的自由权利，第 13 项为“经济自由”，即包含营业自由。参见刘文娟：“论宪法上的营业自由权及其限制与反限制”，中国政法大学，硕士论文 2009 年。

[3] 杨阳：“营业自由的权能与具体表达”，载《理论与改革》，2015 年第 2 期。

予通信运营商相关义务显然会对其营业自由造成不当干涉。具体而言：其一，以现有设备积极配合情报部门监控行为，履行协助义务，必然会占用通信运营商的设备资源，使其丧失以这些设备进行营业并获利的机会。其二，通信运营商履行设备设置义务，必然要花费一定的费用以新设置或改装相关的软件、硬件设备。这相当于强迫通信运营商做出投资监控设备的决定。这种金钱负担义务不仅会额外增加通信运营商实施营业活动的负担，而且会侵害其消极投资决定的营业机会。此外，如果设备设置所需支付的费用过高，严重影响到通信运营商的一般营业活动，则可能会进一步侵害通信运营商的选择自由。其三，通信运营商对通信服务使用者的保密义务是维系二者之间信赖关系和通信运营商持续营业的根基，法律课予通信运营商信息提供的义务，显然会危及通信运营商的保密义务，进而威胁到通信运营商的营业自由。

2. 对财产权的干涉。财产权是民事权利主体所享有的具体经济利益的权利。它具有物质财富的内容，一般可以货币进行计算，包括以所有权为主的物权、债权、继承权以及知识产权等。[1] 财产权是人类谋求生存、建立和拥有家园的权利，是生命权利的延伸，也是生命权最基本的保障。在政治理论中，财产权被视为“最根本之自由”“仅于其获得保障，不受独断之剥夺后，生命及自由始有存在之价值。”[2] 鉴于此，现代社会中，财产权往往与生命权和自由权一道，被并称为三项最基本的人权，进而被各国宪法列举为公民的基本权利之一。随着市场经济的发展，公司、企业以拟制人的身份参与市

[1]《中国大百科全书·法学卷》，北京：中国大百科全书出版社，1985 年版，第 33 页。

[2] 法治斌：《人权保障与释宪法制》（宪法专论），台北：月旦出版公司，1993 年版，第 229 页。

场经济活动，其财产权受法律保护是现代社会经济秩序得以维系的基本要求。正因为此，财产权保障成为企业自由的支柱之一。理论上，判断国家公权力是否侵害公民基本权利，应基于基本权利所保障的范围进行审查。就财产权而言，法律一般保障公民一切具有财产价值、经济利益的权利免遭国家公权力侵害。从内容来看，权利人可对其享有的财产自由地进行使用、收益与处分。基于财产权保护的自由使用和处分权能，财产所有人不仅可以积极使用和处分其财产，也享有消极的不提供给他人使用以及不予变更的自由。因此，一个国家或地区通过法律课予通信运营商在情报监控中的行为协助、设备设置义务显然构成对其财产权的干涉。

二、对通信运营商基本权利干涉的正当性

根据上述分析，通过法律课予通信运营商诸多义务会侵害其营业自由权和财产权，然而，干预通信运营商基本权利的正当性何在呢？因营业自由权和财产权并非绝对权利，是可以基于特定理由予以限制的。那么，接下来的问题是，如何对上述权利进行限制才是正当的。根据法治国家保障基本权利的原理，国家公权力对基本权利的干预须满足法律保留原则和比例原则的要求。

1. 法律保留原则。法律保留原则最初由德国人奥托・梅耶提出，指的是为了抑制行政权的恣意，对国民权利、自由的限制，不允许由行政权来进行，而必须保留给立法权（法律）。[1] 该原则的实质在于要求行政权的行使必须在权力机关的监控之中，没有权力机关的同意，行政权就不得行使。它不仅体现了立法权对行政权的制约，

[1] 金承东："论行政法律保留原则"，载《浙江社会科学》，2002 年第 1 期。

也体现了行政权的民意基础。[1] 鉴于要求通信运营商协助、改造或设置相关设备以配合情报部门实施监控会对通信运营商营业自由和财产权利构成干涉，根据法律保留原则，必须通过法律对上述义务进行明确的规定。

2. 比例原则。比例原则堪称公法里的“帝王条款”，其重要性比起诚信原则之在民法内，有过之而无不及。[2] 在宪法层面，比例原则是调整国家权力和公民权利关系应遵循的一项基本准则，其要求国家权力的行使要妥当、必要、均衡、不过度、符合比例，不得对公民权利造成非法侵犯。[3] 比例原则包括适当性、必要性和狭义比例三个子原则。一个国家或地区基于维护公共安全这一高阶利益固然可以通过法律为通信运营商设定相关义务，对其享有的营业自由权和财产权进行限制，但由于公共利益的不确定性，为防止公权力借公共利益之名非法干预通信运营商的基本权利，还必须考量此种限制是否适当，手段与目的之间是否存在必然性，即是否符合比例原则的要求。就适当性而言，由于通信的使用离不开管线、基站等基础设施，基于这种事实上的关联性，通过立法课予通信运营商相关义务，进而限制其基本权利，与其所欲达到的维护公共安全的目的显然是适应的。更进一步来看，课予通信运营商相关义务是否属于对其基本权利侵害最小的措施，是否符合必要性原则的要求呢？正如上文所述，因情报监控的实施与通信基础设施、通信技术的配合密不可分，所以法律要求通信运营商设置相关设备、提供相关技术协助，不仅属于实现情报监控的适当手段，而且也是极其必要的。当然，

[1] 陈新民：《德国公法学基础理论（下）》，济南：山东人民出版社，2001 年版，第 380 页。
[2] 陈新民：《德国公法学基础理论（下）》，济南：山东人民出版社，2001 年版，第 380 页。
[3] 郝银钟、席作立：“宪政视角下的比例原则”，载《法商研究》，2004 年第 6 期。

技术协助义务应以通信运营商所使用的技术范围为限。为贯彻必要性原则的要求，上述国家立法普遍规定通信服务商有因提供技术协助、设备设置等义务享有获取合理经济补偿权和诉讼豁免权，同时监控的实施以不影响通信运营商正常运作及通信畅通为原则。

第三节　情报监控中通信运营商权利义务及其完善

2014 年以来，各国逐步构建情报监控法制体系。这些法律对情报监控中通信运营商权利义务已有相当规模的规定，一定程度上遵循了法律保留原则和比例原则的要求，但仍存在诸多需要改进的问题。美国和德国情报监控中通信运营商权利义务的立法经验对各国相关制度的构建有着重要的镜鉴价值。

一、我国情报监控中通信运营商权利义务

1.情报监控中通信运营商的义务。

第一，通信运营商情报监控支持和协助义务。《国家安全法》从宏观上明确了通信运营商情报监控的支持和协助义务。该法第 77 条规定，公民和组织应当为国家安全工作提供便利条件或者其他协助；向国家安全机关、公安机关和有关军事机关提供必要的支持和协助。这里的“组织”应包括通信运营商。《反间谍法》《国家情报法》《反恐怖主义法》和《网络安全法》对通信运营商情报监控支持和协助义务做出更为详细的规定。《反间谍法》第 11 条第 2 款规定，国家

安全机关因反间谍工作需要，按照国家有关规定，可以优先使用或者依法征用机关、团体、企业事业组织和个人的交通工具、通信工具、场地和建筑物，必要时，可以设置相关工作场所和设备、设施。《国家情报法》第 17 条规定，国家情报工作机构工作人员根据工作需要，按照国家有关规定，可以优先使用或者依法征用有关机关、组织和个人的交通工具、通信工具、场地和建筑物，必要时，可以设置相关工作场所和设备、设施。《反间谍法》和《国家情报法》赋予情报部门优先使用或者依法征用通信工具、场地等权力，相对应的，通信运营商则负有提供通信工具、场地等义务。《网络安全法》第 28 条规定，网络运营者应当为公安机关、国家安全机关依法维护国家安全和侦查犯罪的活动提供技术支持和协助。《反恐怖主义法》第 18 条规定，电信业务经营者、互联网服务提供者应当为公安机关、国家安全机关依法进行防范、调查恐怖活动提供技术接口和解密等技术支持和协助。《网络安全法》和《反恐怖主义法》规定了通信运营商的技术支持和协助义务。

第二，提供信息的义务。《互联网信息服务管理办法》[1] 第 14 条规定，互联网接入服务提供者应当记录上网用户的上网时间、用户账号、互联网地址或者域名、主叫电话号码等信息。互联网接入服务提供者的记录备份应当保存 60 日，并在国家有关机关依法查询时，予以提供。据此互联网接入服务提供者负有提供互联网使用者资料的义务。《网络安全法》第 21 条要求网络运营者采取监测、记录网络运行状态、网络安全事件的技术措施，并按照规定留存相关的网

[1]《中华人民共和国电信条例》于 2000 年 9 月 25 日中华人民共和国国务院令第 291 号公布，根据 2014 年 7 月 29 日《国务院关于修改部分行政法规的决定》（国务院令第 653 号）第一次修订，根据 2016 年 2 月 6 日《国务院关于修改部分行政法规的决定》（国务院令第 666 号）第二次修订。

络日志不少于 6 个月。结合《网络安全法》第 28 条的规定，网络运营者应有向情报机关提供其所留存网络日志的义务。《电信条例》[1] 第 66 条规定，电信用户依法使用电信的自由和通信秘密受法律保护。除因国家安全或者追查刑事犯罪的需要，由公安机关、国家安全机关或者人民检察院依照法律规定的程序对电信内容进行检查外，任何组织或者个人不得以任何理由对电信内容进行检查。因而，电信业务经营者有向情报部门提供电信内容的义务。

2.情报监控中通信运营商的权利。

第一，获得相应费用、补偿、赔偿的权利。《国家安全法》第 81 条规定，公民和组织因支持、协助国家安全工作导致财产损失的，按照国家有关规定给予补偿。《反间谍法》第 11 条第 2 款规定，国家安全机关因反间谍工作需要，按照国家有关规定，可以优先使用或者依法征用机关、团体、企业事业组织和个人的交通工具、通信工具、场地和建筑物，必要时，可以设置相关工作场所和设备、设施，任务完成后应当及时归还或者恢复原状，并依照规定支付相应费用；造成损失的，应当补偿。《反恐怖主义法》第 78 条规定，公安机关、国家安全机关、中国人民解放军、中国人民武装警察部队因履行反恐怖主义职责的紧急需要，根据国家有关规定，可以征用单位和个人的财产。任务完成后应当及时归还或者恢复原状，并依照规定支付相应费用；造成损失的，应当补偿。因开展反恐怖主义工作对有关单位和个人的合法权益造成损害的，应当依法给予赔偿、补偿。有关单位和个人有权依法请求赔偿、补偿。《国家情报法》第 17 条规定，国家情报工作机构征用有关机关、组织和个人的交通工具、

[1]《互联网信息服务管理办法》于 2000 年 9 月 20 日国务院第 31 次常务会议通过。

通信工具、场地和建筑物，应依照规定支付相应费用；造成损失的，应当补偿。第 25 条规定，个人和组织因支持、协助和配合国家情报工作导致财产损失的，按照国家有关规定给予补偿。根据上述规定，如果通信运营商的设备、场地被情报部门使用或征用，其有权获得相应的费用；如果造成损害或损失的，能够获取赔偿或补偿。

第二，提出申诉、控告和检举的权利。第 82 条规定，公民和组织对国家安全工作有向国家机关提出批评建议的权利，对国家机关及其工作人员在国家安全工作中的违法失职行为有提出申诉、控告和检举的权利。《反间谍法》《国家情报法》《反恐怖主义法》和《网络安全法》也有类似的规定。

二、我国情报监控中通信运营商权利义务的完善

随着国家安全法治化的推进，目前国家相关立法已对情报监控中通信运营商权利义务进行了相当详细的规定，一方面充分考虑到情报监控的运行，设置通信运营商支持、协助的义务、信息提供义务，另一方面体现对通信运营商财产权、营业自由权的保护，明确通信运营商获得相应费用、补偿、赔偿的权利、提出申诉、控告和检举的权利，充分贯彻了法律保留原则。

通过立法为通信运营商设定义务必然对其享有的基本权利构成干涉，因此，相关立法应遵循比例原则要求。综观我国情报监控中通信运营商义务的相关立法，不难发现其与比例原则既有遵循之处，也有不符的地方。对比例原则的遵循主要表现为手段的合目的性。因通信基础设施及通信技术对于情报监控的必要性，基于国家安全维护的目的，课予通信运营商向情报部门提供信息、提供技术支持、

协助的义务符合适当性原则要求。与比例原则不符之处主要表现为对必要性原则贯彻不充分。虽然,《国家安全法》第 83 条规定，在国家安全工作中，需要采取限制公民权利和自由的特别措施时，应当依法进行，并以维护国家安全的实际需要为限度。《国家情报法》第 10 条规定，国家情报工作机构根据工作需要，依法使用必要的方式、手段和渠道，在境内外开展情报工作。第 14 条规定，国家情报工作机构依法开展情报工作，可以要求有关机关、组织和公民提供必要的支持、协助和配合。

以美国和德国立法经验为参考，未来国家立法可从以下方面完善情报监控中通信运营商权利义务:

1. 通信运营商义务规定的完善。首先，完善通信运营商设备设置义务。《电信条例》第 60 条[1]虽为通信运营商设定了设备设置义务，但何为“做到与国家安全和电信网络安全的需求同步规划,同步建设,同步运行”，通信运营商需要履行何种设备设置义务仍然不甚明确，不利于实践操作。因而，未来立法应明确通信运营商的通信系统应具备配合执行情报监控的功能，但设备的技术功能应以符合当时的科技、经济上的合理性为限，且不得逾越期待可能性。其次，比例化信息保存及提供义务。《电信条例》规定了电信业务经营者提供电信内容的义务、《网络安全法》《互联网信息服务管理办法》规定了网络运营者、互联网接入服务提供者保存、提供互联网使用者资料、网络日志的义务。但上述立法对电信非内容信息、互联网内容信息的保存及其期限缺乏规定。笔者认为，国家未来立法可借鉴域外立法经验，从公民基本权利维护的角度，对信息保存及提供进行比例

[1]《电信条例》第 60 条规定，电信业务经营者在电信网络的设计、建设和运行中，应当做到与国家安全和电信网络安全的需求同步规划，同步建设，同步运行。

化设置。对于通信服务使用者的通信内容，通信运营商无保存的义务，情报部门可根据法定程序通过通信运营商的协助进行监控、截取。对于非内容信息，可根据其与公民隐私权联系的密切程度设置不同保存期限。非内容信息中的注册人信息是由通信使用者向运营商提供，其隐私程度较低，通信运营商可应情报部门的请求而提供。[1]非内容信息中的交互信息，因其与通信使用者的隐私密切关联，[2]立法应对这类信息的保存设置明确的期限，并为通信运营商向情报部门提供此类信息设置明确的实体要件和程序要件。

2. 通信运营商权利完善。没有无义务的权利，也没有无权利的义务。通过立法课予通信运营商一系列义务的同时，应明确规定其享有的权利，从而落实必要性原则的要求。

第一，细化获得相应费用、补偿、赔偿的权利。财产权是保障通信运营商营业自由的关键支柱。为维护通信运营商的营业自由与财产权、贯彻最小干预原则，《反间谍法》《国家情报法》《反恐怖主义法》和《网络安全法》虽规定了通信运营商享有因协助、支持情报监控获得相应费用、补偿、赔偿的权利，但相关规定仍不够具体，应进一步细化：因协助情报监控执行所产生的必要之费用，在执行后，通信运营商可请求执行机关予以补偿。补偿的项目及费率须由情报部门会商相关部门进行确定，并进行公告。因协助维持情报监控功能正常工作所产生的必要费用，由情报部门会商相关部门进行确定，并进行公告。

第二，诉讼豁免权。为平衡通信运营商对通信使用者的保密义

[1] United States v. Jones, 132 S.Ct.945 (2012).

[2] Nora Ni Loideain, EU Law and Mass Internet Metadata Surveillance in the Post-Snowden Era，Media and Communication，2015（3）：55.

务与信息保存、披露、情报监控协助义务，未来立法应赋予通信运营商及其协助人员诉讼豁免权，即不得以通信运营商及其协助人员保存、披露信息、提供技术协助的行为作为诉讼理由在任何法庭针对其提起诉讼。

市场经济背景下，通信运营商是享有营业自由权、财产权的民事法律主体。基于情报部门情报监控的需求，一个国家通过立法课予通信运营商积极配合、消极忍受情报监控的义务，应符合现代法治国的法律保留原则和比例原则。鉴于当前国家相关立法对通信运营商权利义务的规定不够完善的现状，可借鉴美国和德国相关经验，遵循法律保留原则和比例原则，合理设置通信运营商的权利义务，防止情报部门以维护国家安全名义不当干涉通信运营商的合法权益。

后 记

“权力运行的制约与监督”是我一直关注和研究的领域。延续这一主题，我从 2015 年开始关注情报监控法治化问题，特别是大规模情报监控的规制。基于前期的研究成果，2017 年本人获批主持天津市哲学社会科学规划项目《国家安全法治化视域下情报监控规制研究》（TJFX17-006），课题组成员包括：杨飞（天津市红桥区人民检察院）、娄超（天津商业大学法学院）、李晨蕾（天津铁路运输检察院）、吴轩（天津市人民检察院第三分院）、薛大政（山东省泰安市中级人民法院）。在该项目的资助下，近年来，我陆续在《情报杂志》（第二章第二节、第四章、第七章）、《重庆邮电大学学报（社会科学版）》（第八章）发表了多篇涉及情报监控规制的论文。因研究主题相近，本书还纳入了本人主持的国家社科基金项目、司法部国家法治与法学理论研究项目的部分阶段性成果，这些成果分别在《情报杂志》（第一章、第二章第一节、第三节、第三章、第五章）、《信息资源管理学报》（第六章）刊发，纳入本书时已做较大幅度的修改。本书各章写作分工如下：第一章：吴常青、薛大政、吴轩；第二章：吴常青、薛大政、李晨蕾；第三章：吴常青、李晨蕾；第四章：吴常青、李晨蕾；第五章：吴常青、李静雅、李晨蕾；第六章：吴常青、路长明、李晨蕾；

第七章：吴常青、吴轩、李晨蕾；第八章：吴常青、吴轩）。

然而，遗憾的是，本书仅是对国家安全法治化视域下情报监控规制的初步研究，主要聚焦于域外情报监控规制问题。本书形成后，国内外情报监控规制领域的理论与实践持续发展。在国外，受“斯诺登事件”的影响，美国、英国、德国、法国、加拿大、荷兰、澳大利亚等国纷纷对情报监控相关法律进行大幅调整；欧洲法院、欧洲人权法院亦做出与大规模情报监控相关的重要判例。在国内，党的十九届四中全会通过的《中共中央关于坚持和完善中国特色社会主义制度 推进国家治理体系和治理能力现代化若干重大问题的决定》指出，坚持总体国家安全观，统筹发展和安全，坚持人民安全、政治安全、国家利益至上有机统一。以人民安全为宗旨，以政治安全为根本，以经济安全为基础，以军事、科技、文化、社会安全为保障，健全国家安全体系，增强国家安全能力。完善集中统一、高效权威的国家安全领导体制，健全国家安全法律制度体系。这些新近发展为本书主题的后续研究提供了丰富的素材。

感谢金城出版社刘荔老师认真、辛勤的编辑工作！本书的出版得到天津商业大学法学院天津市法学重点学科经费的资助。

吴常青

2020 年 7 月 15 日于天津

参考文献

一、中文文献

（一）中文图书

1. 陈新民:《德国公法学基础理论（下）》，济南：山东人民出版社，2001 年版。

2. 邓立军:《中国港澳台地区秘密侦查制度研究》，北京：中国社会科学出版社，2013 年版。

3. 法治斌:《人权保障与释宪法制（宪法专论）》，台北：月旦出版公司，1993 年版。

4. 高群服:《台湾秘密档案解密》，北京：台海出版社，2008 年版。

5. 刘涛:《美国涉外情报监控与通信截取法律制度》，北京：中国政法大学出版社，2014 年版。

6. 刘涛:《美国涉外情报监控法及涉外情报监控法院诉讼规则》，北京：中国人民公安大学出版社，2011 年版。

7. 王兆鹏:《美国刑事诉讼法》，北京：北京大学出版社，2005 年版。

8. 张殿清:《情报与反情报》，北京：世界知识出版社，1997 年版。

9. 吴常青:《检察侦查权监督制约机制研究》，北京：法律出版社，2017 年版。

10. [美] 马克・洛文塔尔:《情报：从秘密到政策》，杜效坤译，北京：金城出版社，

2014 年版。

11. [美] 谢尔曼·肯特:《战略情报:为美国世界政策服务》，刘微、肖皓元译，北京：金城出版社，2012 年版。

12. [美] 亚历山大 · 汉密尔顿、詹姆斯 · 麦迪逊、约翰 · 杰伊:《联邦党人文集》，杨颖明，张尧然译，北京 : 中国青年出版社，2014 年版。

13. [美] 约翰·帕克:《全民监控 : 大数据时代的安全与隐私困境》，关立深译，北京：金城出版社，2015 年版。

14. [美] 布鲁斯·施奈尔:《数据与监控 : 信息安全的隐形之战》，李先奇等译，北京：金城出版社，2018 年版。

15. [英] 克莱格:《中国的全球战略——走向一个多极世界》，葛雪蕾、洪漫、李莎译，北京：新华出版社，2010 年版。

16. [美] 格伦·格林沃尔德:《无处可藏 : 斯诺登、美国国安局与全球监控》，王勇译，北京 : 中信出版社，2014 年版。

（二）中文论文

1. 王士帆:《处在德国法与欧洲法紧张氛围下的通信记录调取》，载《月旦法学杂志》，2016 年第 5 期。

2. 施正锋:《国家安全与人权：史诺顿事件的省思》，载《前瞻科技与管理》，2015 年第 1 期。

3. 沈臻懿:《〈自由法案〉的自由与不自由》，载《检察风云》，2015 年第 15 期。

4. 徐彤武:《秘密监控计划的审批者：美国对外情报监视法院》，载《世界知识》，2013 年第 15 期。

5. 约翰 · 兰贝恩:《对抗制的起源》，邵夏红译，载《研究生法学》，2008 年第 2 期。

6. 程汉大:《英国对抗制的起源》，载《山东警察学院学报》，2007 年第 1 期。

7. 汤维建:《美国的对抗制审判方式》，载《比较法研究》，1996 年第 4 期。

8. 张泽涛:《美国“法院之友”制度研究》，载《中国法学》，2004 年第 1 期。

9. 陈爱娥:《通信监察与秘密通信自由》，载《宪政时代》，1997 年第 2 期。

10. 张明伟:《监听风云——以通信监察进行“国家”情报工作之规范检讨》，载《军法学刊》，2008 年第 6 期。

11. 周治平:《情报机关通信监察权之研究——德国法之启示》，载《警大法学论集》，2008 年第 15 期。

12. 吴常青:《台湾地区“通信保障及监察法”修改研究》，载《台湾研究集刊》，2016 年第 2 期。

13. 黄翰义:《论通信监察制度——以检讨台湾通信保障及监察法为中心》，载《刑事法杂志》，2005 年第 1 期。

14. 李哲、张一:《中英煽动恐怖主义犯罪比较》，载《国家检察官学院学报》，2016 第 5 期。

15. 倪春乐:《论反恐情报的证据转化》，载《中国人民公安大学学报（社会科学版）》，2012 年第 4 期。

16. 詹镇荣:《基本权各论基础讲座（5）：秘密通信自由》，载《法学讲座》，2003 年第 9 期。

17. 吴万得:《论德国法律保留原则的要义》，载《政法论坛》，2000 年第 4 期。

18. 郝银钟、席作立:《宪政视角下的比例原则》，载《法商研究》，2004 年第 6 期。

19. 金承东:《论行政法律保留原则》，载《浙江社会科学》，2002 年第 1 期。

20. 杨阳:《营业自由的权能与具体表达》，载《理论与改革》，2015 年第 2 期。

21. 宋华琳:《营业自由及其限制——以药店距离限制事件为楔子》，载《华东政法大学学报》，2008 年第 2 期。

22. 王权:《揭秘加拿大五大情报机构》，载《中国国防报》，2015 年 4 月 14 日。

23. 刘阳:《各国情报立法概述》，载《保密科学与技术》，2017 年第 8 期。

24. 万欣:《网络日志在网络信息安全中的应用》,载《网络空间安全》,2018 年第 3 期。

25. 孙春玲:《德国的安全情报机构》，载《国际资料信息》，2002 年第 21 期。

26. 雷墨:《澳大利亚站上反恐风口》，载《南风窗》，2015 年第 1 期。

27. 张衡:《大数据监控社会中的隐私权保护研究》，载《图书与情报》，2018 年第 1 期。

28. 李荣耕:《论侦查机关对通信记录的调取》，载《政大法学评论》，2010 年第 3 期。

29. 李荣耕:《析论台湾情报通信监察法制——以美国法制为比较》，载《军法学刊》，2010 年第 5 期。

30. 刘静怡:《通信监察与民主监督：欧美争议发展趋势之反思》，载《欧美研究》，2017 年第 1 期。

二、英文文献

（一）英文图书

1.Kristina Irion，Svetlana Yakovleva，Marija Bartl. Trade and Privacy: Complicated Bedfellows? How to achieve data protection-proof free Trade Agreements. Amsterdam: Institute for Information Law, 2016.

2.Michael Geist. Law, privacy and surveillance in Canada in the post-Snowden era. University of Ottawa Press , 2015.

3.Nicola McGarrity，Andrew Lynch，George Williams：The Eroding Distinction Between Intelligence and Evidence in Terrorism Investigations，Counter-Terrorism and Beyond，Abington：Routledge，2010.

4.Russell A. Miller，Privacy and Power：A transatlantic dialogue in the shadows of the NSA-affair，Cambridge University Press，2017.

5.Zachary K. Goldman, Samuel J，Rascoff. Global intelligence oversight : governing security in the twenty-first century，Oxford University Press，2016.

（二）英文论文

1.Adam Tomkins. Justice and Security in the United Kingdom.Israel Law Review, 2013 (3).

2.Alan Butler. Standing Up to Clapper: How to Increase Transparency and Oversight of FISA Surveillance. New England Law Review, 2013(4).

3.Alexander Galicki. The End of Smith v. Maryland? : The NSA's Bulk Telephony Metadata Program and the Fourth Amendment in the Cyber Age.American Criminal Law Review, 2015(2).

4.Allison E. Persinger. Reforming the Foreign Intelligence Surveillance Court to Curb Executive Branch Abuse of Surveillance Techniques. Campbell Law Review, 2015(3).

5.Andrew Nolan, Richard M. Thompson Ⅱ. Reform of the Foreign Intelligence Surveillance Courts: Procedural and Operational Changes. Congressional Research Service, 2014(8).

6.Asaf Lubin. "We Only Spy on Foreigners"： The Myth of a Universal Right to Privacy and the Practice of Foreign Mass Surveillance. Chicago Journal of International Law, 2018(2).

7.Christian Schaller. Strategic Surveillance and Extraterritorial Basic Rights Protection: German Intelligence Law After Snowden. German Law Journal，2018(4).

8.Conor Clarke. Is the Foreign Intelligence Surveillance Court Reality a Rubber Stamp? Ex Parte Proceedings and the FISC Win Rate. Stanford Law Review Online, 2014(2).

9.Devon Ombres. NSA Domestic Surveillance from the PATRIOT Act to the FREEDOM Act: The Underlying History, Constitutional Basis, and the efforts at Reform. Seton Hall Legislative Journal, 2015(1).

10.Didier Bigo, Sergio Carrera, Nicholas Hernanz, Amandine Scherrer. National security and secret evidence in legislation and before the courts: exploring the challenges. Study for the LIBE Committee, No.78. January 2015.

11.Emily Berman. The Two Faces of the Foreign Intelligence Surveillance Court. Social

Science Electronic Publishing, 2015(7).

12.Federico Fabbrini. Judicial Review of United Nations Counter-Terrorism Sanctions in the European Multilevel System of Human Rights Protection: A Case Study in Ineffectiveness. Shaping Rule of Law Through Dialogue, 2009(1).

13.Francesca Bignami. Privacy and Law Enforcement in the European Union: The Data Retention Directive.Social Science Electronic Publishing, 2011(1).

14.Herbert Brownell. The Public Security and Wire Tapping.Cornell Law Quarterly, 1954(39).

15.Hughes G，Lwin K. New Mandatory Data Retention Laws. Camle Communications Law Bulletin，2015(3).

16.Jared P. Cole, Andrew Nolan. Reform of the Foreign Intelligence Surveillance Courts: A Brief Overview. Congressional Research Service, 2014(3).

17.Jason M.Young. Surfing while Muslim: Privacy, freedom of expression and the unintended consequences of cybercrime legislation. International Journal of Communication Law and Policy, 2004(7).

18.John Sullivan. Closed Material Procedures and the Right to a Fair Trial. Maryland Journal of International Law, 2014(1).

19.Joseph D.Mornin. NSA Metadata Collection and the Fourth Amendment. Berkeley Technology Law Journal, 2014(4).

20.Joshua M. Mastracci. Klayman v. Obama: The D.C. District Court Misinterprets the NSA Metadata Collection Program as a Violation of Individual Fourth Amendment Rights.Tulane Journal of Technology and Intellectual Property, 2014(17).

21.Kate Poorbaugh.Security Protocol: A Procedural Analysis of the Foreign Intelligence Surveillance Courts.University of Illinois Law Review, 2015(3).

22.Kevin Walby，Seantel Anaïs. Communications Security Establishment Canada, structures of secrecy, and ministerial authorization after September 11. Canadian Journal of Law and Society. 2012(3).

23.Laura K. Donohue. Section 702 and the Collection of International Telephone and Internet Content. Harvard Journal of Law & Public Policy, 2015(38).

24.Lindsay D F，Greenleaf G，Daly A. Australian Privacy Foundation Submission on the Data Retention Bill 2014. Social Science Electronic Publishing，2015(1).

25.Lukia Nomikos. Are we sleepwalking into a surveillance society. Bristol Law Review，2017(4).

26.Mark Rapisarda. Privacy, Technology, and Surveillance NSA Bulk Collection and the End of the Smith v. Maryland Era. Gonzaga Law Review, 2015(16).

27.Marko Milanovic. Human Rights Treaties and Foreign Surveillance: Privacy in the Digital Age. Harvard International Law Journal，2015(1).

28.Martin Chamberlain. Special Advocates and Procedural Fairness in Closed Proceedings. Civil Justice Quarterly，2009(3).

29.Mike Redmayne. Criminal Justice Act 2003: (1) Disclosure and its discontents. Criminal Law Review，2004(June).

30.Newell，Bryce Clayton. The Massive Metadata Machine: Liberty，Power，and Secret Mass Surveillance in the U.S. and Europe. I/S: A Journal of Law and Policy for the Information Society, vol.10(2), 2014.

31.Nicole B. Cdsarez. The Synergy of Privacy and Speech.University of Pennsylvania Journal of Constitutional Law, 2016(3).

32.Niklas Vainio，Samuli Miettinen. Telecommunication data retention after Digital Rights Ireland: legislative and judicial reactions in the Member States. International Journal of Law & Information Technology, 2015(23).

33.Nora Ni Loideain. EU Law and Mass Internet Metadata Surveillance in the Post-

Snowden Era. Media and Communication, 2015(3).

34.Oren Bar-Gill, Barry Friedman. Taking Warrants Seriously. Northwestern University Law Review. 2012(4).

35.Paul F Scott. Hybrid institutions in the national security constitution：The case of the Commissioners. Legal Studies，2019(39).

36.Phoebe Hirst. Mass surveillance in the age of terror：Bulk powers in the Investigatory Powers Act 2016. European Human Rights Law Review，2019(4).

37.Redmond. I Spy with My so Little Eye: A Comparative of Surveillance Law in the United States and New Zealand. Fordham International Law Journal, 2014(37).

38.Sergio Suarez. Is America Safer? The USA FREEDOM Act of 2015 and What the FBI and NSA Have, Can, and Should be Doing. Law School Student Scholarship, 2017(1).

39.Steven G. Stransky. The Fourth Amendment and Bulk Telephone Metadata An Overview of Recent Case Law. Saint Louis University Public Law Review, 2015(1).

40.Steven I. Vladeck. The Case for a FISA ‘Special Advocate’. Social Science Electronic Publishing, 2015(7).

41.Suzor N，Pappalardo K，Mclntosh N. The passage of Australia’s data retention regime：National security，human rights，and media scrutiny. Internet Policy Review，2017(1).

42.Walter F. Mondale, Robert A. Stein, Caitlinrose Fisher. No Longer a Neutral Magistrate: The Foreign Intelligence Surveillance Court in the Wake of the War on Terror. Minnesota Law Review, 2016(100).

43.William C. Banks. Programmatic Surveillance and FISA: Of Needles in Haystacks. Texas Law Review, 2010(7).

44.William Funk. Electronic Surveillance of Terrorism: the Intelligence Law Enforcement Dilemma—A History.Lewis & Clark Law Review，2007(11).

45.Xavier Tracol. The judgment of the Grand Chamber dated 21 December 2016 in the two joint Tele2 Sverige and Watson cases: The need for a harmonised legal framework on the retention of data at EU level. Computer Law & Security Review，2017(4).

三、网络资源

1. 贾开:《数据主权、数据贸易与数据规制——欧盟的新进展》, https://sanwen.net/a/hixgebo.html.

2.《元数据概念以及原理应用全解析》.www.cbdio.com/BigData/2016-04/07/content_4775678.htm. 棱镜门笼罩中国：美国科技公司八大金刚垄断中国关键基础设施，www.guancha.cn/Science/2013_07_08_156707.shtml.

3.Alexander Horne. Special Advocates and Closed Material Procedures. http://researchbrief-ings.parliament.uk/ResearchBriefing/Summary/SN06285，2017-8-5.

4.Amnesty International. Left in the Dark：the Use of Secret Evidence in the United Kingdom. www.amnesty.org/en/library/asset/EUR45/014/2012/en/546a2059-db83-4888-93ba-8b90cc32a2de/eur450142012en.pdf.

5.Benjamin Wittes, Standing Confusion in Obama v. Klayman. https://www.lawfareblog.com/standing-confusion-obama-v-klayman.

6.Benjamin Wittes, Thoughts on Judge Leon's Section 215 Opinion. www.lawfareblog.com/thoughts-judge-leons-section-215-opinion.

7.Brussels, Agreement on Commission's EU data protection reform will boost Digital Single Market. http://europa.eu/rapid/press-release_IP-15-6321_en.htm.

8.Charlie Savage, N.S.A. Plan to Log Calls Is Renewed by Court. www.nytimes.com/2013/10/19/us/nsa-plan-to-log-calls-is-renewed-by-court.html.

9.Conley, Chris, Metadata: Piecing Together a Privacy Solution. https://ssrn.com/abstract=2573962 or http://dx.doi.org/10.2139/ssrn.2573962.

10.David Cole, Can Privacy Be Saved. www.nybooks.com/articles/2014/03/06/can-privacy-be-saved/.

11.Didier Bigo, Sergio Carrera, Nicholas Hernanz, Amandine Scherrer. National Security and Secret Evidence in Legislation and before the Courts: Exploring the Challenges. www.euro-parl.europa.eu/RegData/etudes/STUD/2014/509991/IPOL_STU(2014)509991_EN.pdf.

12.Directive 95/46/EC. http://groups.csail.mit.edu/mac/classes/6.805/articles/privacy/ec-privacy-directive.html.

13.Directive 2002/58/EC. https://www.dataprotection.ie/documents/legal/directive2002_58.pdf.

14.Directive 2006/24/EC. http://eur-lex.europa.eu/legal-content/en/ALL/?uri=CELEX:32006L0024.

15.Docket Nos. BR. In Re Applications of the FBI for Orders Requiring the Production of Tangible Things. www.fisc.uscourts.gov/sites/default/files/BR%2015-77%2015-78%20M-emorandum%20Opinion.pdf.

16.Edward C. Liu, Andrew Nolan & Richard M. Thompson, Overview of Constitutional Challenges to NSA Collection Activities and Recent Developments, Congressional Research Service. www.docin.com/p-1575684911.html.

17.Ellen Nakashima & Ann E. Marimow, Judge: NSA's Collecting of Phone Records is Probably Unconstitutional. www.washingtonpost.com/national/judge-nsas-collecting-of-phone-records-is-likely-unconstitutional/2013/12/16/6eO98eda-6688-1 le3-a0b9-249bbb34602c story.html.

18.Equal Human Rights Commission. Article 6: The Right to a Fair Trial. www.equality-humanrights.com/uploaded_files/humanrights/hrr_article_6.pdf.

19.France hands down data privacy fine to Google. www.rt.com/news/france-google-fine-privacy-339/.

20.Glenn Greenwald, NSA Collecting Phone Records of Millions of Verizon Customers Daily. www.theguardian.com/world/2013/jun/06/nsa-phone-records-verizon-court-order.

21.James Bamford, They Know Much More Than You Think. http://rddjlaw.com/articles/ProtectAmericaAct.pdf.http://www.nybooks.com/articles/2013/08/15/nsa-they-kn-ow-much-more-you-think/.

22.Jennifer Granick, NSA's Creative Interpretations Of Law Subvert Congress And The Rule Of Law. www.forbes.com/sites/jennifergranick/2013/12/16/a-common-law-cou-p-detat-how-nsas-creative-interpretations-of-law-subvert-the-rule-of-law/#1e6fa25a89a6.

23.John W. Rollins & Edward C. Liu, NSA Surveillance Leaks: Background and Issues for Congress. www.fas.org/sgp/crs/intel/R43134.pdf.

24.Julian Hattem, Phone Company Fought NSA-and Lost. http://thehill.com/policy/technology/204438-phone-company-challenged-nsa-program-lost.

25.Jonathan Ernst, USA Freedom Act vs expired Patriot Act provisions: How do the spy laws differ?. www.rt.com/usa/264005-freedom-patriot-act-surveillance/.

26.Jonathan Stray, FAQ: What You Need to Know About the NSA's Surveillance Programs. www.propublica.org/article/nsa-data-collection-faq.

27.Kim Zetter, The Senate Fails to End NSA Bulk Spying, Votes Against USA FREEDOM. www.hackbusters.com/news/stories/327721-the-senate-fails-to-end-nsa-bulk-spying-votes-against-usa-freedom-act.

28.Lawrence R. Jacobs, Walter F. Mondale: In the Tradition of James Madison (unpublished essay). http://mondale.law.umn.edu/pdf/JacobsEssay.pdf.

29.Margo Schlanger, Infiltrate the NSA, ATLANTIC (Dec.30, 2014), www.theatlantic.com/politics/archive/2014/12/civil-libertarians-need-to-infiltrate-the-nsa/383932.

30.Natasha Lomas, Europe Finally Agrees Tough New Data Protection Rules. http://techcrunch.com/2015/12/16/gdpr-agreed/.

31.Orin S. Kerr, Another Federal Judge Rules on Legality of NSA Surveillance. www.washing-tonpost.com/news/volokh-conspiracy/wp/2014/06/03/another-federal-judge-rules-on-legality-of-nsa-surveillance/.

32.Peter Margulies, Judge Pauley's Opinion in Clapper: Reset Button for Bulk Collection Debate?. www.lawfareblog.com/judge-pauleys-opinion-clapper reset-buttonbulk-collection-debate.

33.Philip Bump, The 113th Congress Is Historically Good at Not Passing Bills. www.wash-ingtonpost.comblogs/thefix/wp/2014/07/09/the-113th-congress-is-historically-good-at-not-passing-bills.

34.Privacy & Civil Liberties Oversight Board. Report on the Surveillance Program Operated Pursuant to Section 702 of the Foreign Intelligence Surveillance Act. www.doc88.com/p-9085240562867.html.

35.Reform Government Surveillance, Read our Open Letter to the Senate on the USA Freedom Act. www.reformgovernmentsurveillance.com/#111614.

36.Robyn Greene, Senators Should Oppose Senator McConnell's Amendments and Pass a Clean Version of the USA FREEDOM Act. www.newamerica.org/oti/senators-should-opposesenator-mcconnells-amendments-and-pass-a-clean-version-of-the-usa-freedom-act/.

37.Samuel Gibbs, European parliament approves tougher data privacy rules. www.theguardian.com/technology/2016/apr/14/european-parliament-approve-tougher-data-privacy-rules.

38.Spencer Ackerman, NSA Reform Bill Imperiled as It Competes with Alternative Effort in the Senate. www.theguardian.com/us-news-2015/apr/28/house-nsa-reform-bill-senate-usafre-edom-act.

39.Statement by the President on the USA FREEDOM Act. www.whitehouse.gov/the-press-office/2015/06/02/statement-president-usa-freedom-act.

40.Stephen Ross Johnson, Anne Passino. The Protect America Act: Who Will Protect Us Against the Protectors?. http://rddjlaw.com/articles/ProtectAmericaAct.pdf.

41.U.S. Federal Trade Commission. Mobile privacy disclosures: Building trust through transparency. www.ftc.gov/os/2013/02/130201mobileprivacyreport.pdf.

42.W. Scott Blackmer, GDPR: Getting Ready for the New EU General Data Protection Regulation. www.infolawgroup.com/2016/05/articles/gdpr/gdpr-getting-ready-for-the-new-eu-ge-neral-data-protection-regulation/.

43.Colin Freeze. How Canada's shadowy metadata-gathering program went awry. http://www.theglobeandmail.com/news/national/how-canadas-shadowy-metadata-gathering-program-w-ent-awry/article12580225/?page=all#dashboard/follows/.

44.Greg Weston, Glenn Greenwald, Ryan Gallagher. CSEC used airport Wi-Fi to track Canadian travellers: Edward Snowden documents. http://www.cbc.ca/news2/pdf/airports_redacted.pdf

45.Del Pino, Alan. The Representation of the Canadian Government's Warrantless Domestic Collection of Metadata in the Canadian Print News Media. https://ir.lib.uwo.ca/etd/50387.

46.Stephane Couture, Catherine Pappas. Surveillance and metadata collection in Canada. http://www.giswatch.org/en/country-report/communications-surveillance/canada.

47.Ministerial Directive, Communications Security Establishment, collection and use of metadata. http://www.theglobeandmail.com/news/national/raw-docu-ments-canadas-top-secr-et-data-mining-program/article12446852/?from=12444909#dashboard/follows/.

48.Annual report 2005-2006 of Communications Security Establishment Commissioner. www.ocsec-bccst.gc.ca.

49.Annual report 2006-2007 of Communications Security Establishment Commissioner. www.ocsec-bccst.gc.ca.

50.Annual report 2013-2014 of Communications Security Establishment Commissioner. www.ocsec-bccst.gc.ca.

51.Annual report 2014-2015 of Communications Security Establishment Commissioner. www.ocsec-bccst.gc.ca.

52.《德媒：德国联邦情报局曾窃听多个盟国机构及个人》，http://world.huanqiu.com/exclusive/2015-11/7963787.html.

53.European Union Agency for Fundamental Rights. Surveillance by intelligence services：fundamental rights safeguards and remedies in the EU Volume I: Member States' legal frameworks，https://fra.europa.eu/en/publication/2015/surveillance-intelligence-services.

54.European Union Agency for Fundamental Rights. Surveillance by intelligence services: fundamental rights safeguards and remedies in the EU Volume II: field perspectives and legal update，https://fra.europa.eu/en/publication/2017/surveillance-intelligence-socio-lega.

55.Asaf Lubin. A New Era of Mass Surveillance is Emerging Across Europe，https://perma.cc/N7HK-CTH2.

56.Thorsten Wetzling. Germany's intelligence reform: More surveillance, modest restraints and inefficient controls，https://www.researchgate.net/publication/318393882_Germany's_intelligence_reform_More_surveillance_modest_restraints_and_inefficient_controls.

57.Andre Meister. Secret Report: German Federal Intelligence Service BND Violates Laws and Constitution by the Dozen，https://netzpolitik.org/2016/secret-report-german-federal-intelligenceservice-bnd-violates-laws-by-the-dozen.

58.Expert Opinion. prepared for the committee of inquiry of the Bundestag into the “5EYES” global surveillance systems revealed by Edward Snowden，https://perma.cc/ZWC4-XU77.

59.Privacy International，How Bulk Interception Works，https://perma.cc/3YFU-HEEM.

60.《澳参院通过反恐法案，情报机构可全面监控互联网》，http://world.people.com.cn/n/2014/0927/c157278-25747074.html.

61.Corinne Reichert，Telcos not ready, don’t understand data retention：Comms Alliance，http://www.zdnet.com/article/telcos-not-ready-dont-understand-data-retention-comms-alliance/.

62.Ian McDonald, John Williams，Big Brother Watch & Others v The United Kingdom，https://www.4newsquare.com/publications/big-brother-watch-and-others-v-the-united-kingdom/.

63.E. MacAskill，J. Borger，N. Hopkins，GCHQ taps fibre-optic cables for secret access to world’s communications，https://www.theguardian.com/uk/2013/jun/21/gchq-cables-s-ecret-world-communications-nsa.

64.2011 annual report of the Interception of Communications Commissioner，https://assets.publishing.service.gov.uk/government/uploads/system/uploads/attachment_data/file/229087/0496.pdf.

65.Interception of Communications Commissioner: annual report 2013，https://assets.publishing.service.gov.uk/government/uploads/system/uploads/attachment_data/file/302597/InterceptionCommunicationsCommissionerPrint.pdf.

66.Interception of Communications Commissioner annual report 2014，https://assets.publis-hing.service.gov.uk/government/uploads/system/uploads/attachment_data/

file/548075/IOCCO_Report_March_2015__Web_.pdf.

67.Report of the Interception of Communications Commissioner: annual report, 2015, https://assets.publishing.service.gov.uk/government/uploads/system/uploads/attachment_data/file/552913/56850_HC_255_ICCO_Web_only.pdf.

68.Report of the Interception of Communications Commissioner: annual report, 2015, https://assets.publishing.service.gov.uk/government/uploads/system/uploads/attachment_data/file/670219/IOCCO_annual_report_2016_2.PDF.

69.Annual Report of the Investigatory Powers Commissioner 2017, https://www.ipco.org.uk/docs/IPCO%20Annual%20Report%202017%20Web%20Accessible%20Version%2020190131.pdf.

70.Annual Report of the Investigatory Powers Commissioner 2018, https://ipco.org.uk/docs/IPCO%20Annual%20Report%202018%20final.pdf.

71.Report of the bulk powers review, https://assets.publishing.service.gov.uk/government/uploads/system/uploads/attachment_data/file/546925/56730_Cm9326_WEB.PDF.

72.Operational case for bulk powers, https://assets.publishing.service.gov.uk/government/uploads/system/uploads/attachment_data/file/504187/Operational_Case_for_Bulk_Powers.pdf.

73.Interception of Communications Code of Practice, https://assets.publishing.service.gov.uk/government/uploads/system/uploads/attachment_data/file/715480/Interception_of_Communications_Code_of_Practice.pdf.

四、判例

1.ACLU v. NSA, 438 F. Supp. 2d 754 (2006).

2.Katz v. United States, 389 U.S. 347 (1967).

3.Joined Cases C-293/12 & C-594/12, Digital Rights Ir. Ltd. v. Minister for Commc'n, 2014 E.C.R.

4.Mayfield v. United States, 504 F. Supp. 2d 1023 (2007).

5.Smith v. Maryland，442 U.S. 735(1979).

6.Salve Regina College v. Russell, 499 U.S. 225, 232 (1991).

7.United States v. United States District Court, 407 U.S. 297 (1972).

8.United States v. Jones, 132 S.Ct. 945 (2012).

9.R. v. Vu.，2013 SCC 60.

10.R. v. Spencer, 2014 SCC 43.